Wolf Richard Günzel

Ein Garten für Eidechsen

Gedruckt auf
100% Recyclingpapier

Wolf Richard Günzel

Ein Garten für Eidechsen

Lebensräume schaffen im naturnahen Garten

Beobachten • Gestalten • Bauen

illustriert von Margret Schneevoigt

pala verlag

Inhalt

Einheimische Eidechsen

Unsere einheimischen Eidechsen erfreuen sich allgemeiner Beliebtheit und Naturfreunde geraten ins Schwärmen, wenn sie eine Eidechse im Garten entdecken. Wie Igel oder Singvögel zählen Eidechsen zu den Tieren, die man sich im Garten wünscht. Gleichzeitig begegnet man den Tieren heute immer seltener, weil ihre Lebensräume zunehmend verschwinden. Dabei könnten Eidechsen in unseren Gärten ähnlich zu Hause sein wie Igel, Fledermäuse oder Tagpfauenaugen.

In Deutschland, Österreich und in der Schweiz sind sechs Eidechsenarten heimisch. Die Zauneidechse und die Waldeidechse sind von diesen Arten neben der Blindschleiche auch jene Reptilienarten, die man hierzulande am ehesten in einem naturnah angelegten Garten erwarten kann. Diese Wärme liebenden Saurier im Miniaturformat können sich einen Garten aber nur dann als Domizil aussuchen, wenn sie überhaupt in der näheren Umgebung vorkommen. Das Einfangen von frei lebenden Tieren, die dann im Garten ausgesetzt werden, verbietet sich für jeden echten Eidechsenliebhaber von selbst und ist auch gesetzlich verboten.

Naturgemäß sind unsere einheimischen Eidechsenarten in unterschiedlichen, mitunter weit voneinander entfernt liegenden Regionen verbreitet, wie die Östliche Smaragdeidechse und die Westliche Smaragdeidechse. Arten wie die Zauneidechse oder die Waldeidechse haben dagegen ein in Mitteleuropa weit ausgedehntes, zusammenhängendes Verbreitungsgebiet. Zudem scheinen sich diese Arten in unserer Kulturlandschaft halbwegs gut zurechtzufinden, denn man findet sie nicht nur in den für sie typischen Lebensräumen, sondern auch an völlig naturfernen Plätzen.

Wie kommt es, dass die Tiere mitunter plötzlich da sind, ohne dass man daran gedacht hat, ihr Erscheinen durch besonders eidechsenfreundliche Maßnahmen zu fördern? Sie haben sich angesiedelt, weil sie hier alles finden, was sie zum Leben brauchen: Sonnenplätze, Versteckmöglichkeiten, geeignete Stellen zur Eiablage, Unterschlüpfe für die Nacht, Winterquartiere und in ihrem weiteren Umfeld ein breites Spektrum an heimischen Wildpflanzen, um die herum es von Insekten, Spinnen und anderen Kleintieren wimmelt, die Eidechsen als Nahrungstiere brauchen. Wenn unser Garten den Eidechsen zusagt, werden sie bleiben und es kann sich dauerhaft eine Population entwickeln. Wir werden erleben, wie die Tiere ihren Jahreszyklus in unserem Garten verbringen, und mit etwas Glück wird uns ein einzelnes Exemplar erkennbar einige Sommer lang begleiten, denn Eidechsen können mehrere Jahre alt werden und die Tiere zeigen innerhalb der arteigenen auch eine individuelle Zeichnung ihres Schuppenkleides, anhand der sich die Tiere unterscheiden lassen.

Eidechsen zählen zur großen Tierklasse der Reptilien. Erforschen wir unser Verhältnis allgemein zu diesen Tieren, sind Eidechsen etwas Besonderes, denn wir begegnen ihnen meist mit Sympathie. Anders verhält es sich häufig mit anderen Vertretern dieser Klasse und es ist lohnenswert, sich auch dies einmal bewusst zu machen.

Unser Verhältnis zu den Reptilien ist häufig eine Mischung aus Abneigung, Furcht und Faszination. Dinosaurier, die uns als Nachbildungen in Museen, Filmen und Büchern vor Augen geführt werden, erscheinen uns mitunter wie unwirkliche Fabelwesen aus einer anderen Welt, Furcht einflößend und beeindruckend in ihrer Vielgestaltigkeit und Größe. Urtümliche, heute noch vorkommende Reptilienarten, wie die Galápagos-Riesenschildkröte oder der in Indonesien beheimatete Komodowaran, lassen uns ahnen, welch imposante Geschöpfe die Klasse der Reptilien im Laufe der Evolution hervorgebracht hat. Krokodile zählen zu den Reptilienarten, vor denen wir uns am meisten fürchten. Schlangen sind eine weitere Unterordnung der Reptilien, die bei uns meist wenig Sympathie genießt. Dabei geht die Abneigung oft so weit, dass wir zwischen einer giftigen Kreuzotter und einer harmlosen Ringelnatter nicht unterscheiden. Unsere Schlangenangst suggeriert uns, dass man diesen Tieren, die sich wellenförmig mit ihren schlanken Körpern fortbewegen, generell nicht trauen kann. Machen wir uns bewusst: Wir haben stets die Wahl, einem Tier mit Angst, mit Neugier, mit Interesse zu begegnen, es ist unsere Entscheidung.

Eidechsen müssen sich von selbst im Garten einstellen und dann entscheiden, ob sie unser Angebot annehmen oder sich wieder entfernen.

Echte Eidechsen und Schleichen

Hierzulande beheimatet sind 14 Reptilienarten. Als einzige Art aus der Ordnung der Schildkröten *(Testudines)* finden wir die Europäische Sumpfschildkröte *(Emys orbicularis).* Sie gilt als stark gefährdet und ist heute nur noch in kleineren Restvorkommen zu finden.

Weitere 13 einheimische Reptilienarten zählen zur Ordnung der Schuppenkriechtiere *(Squamata).* Diese Ordnung wird nochmals wissenschaftlich unterteilt in die Unterordnungen der Schlangen *(Serpentes)* und der Echsen *(Lacertilia).* Heimische Schlangenarten sind die Ringelnatter *(Natrix natrix),* die Kreuzotter *(Vipera berus),* die Aspisviper *(Vipera aspis),* die Äskulapnatter *(Elaphe longissima),* die Schlingnatter *(Coronella austriaca)* und die Würfelnatter *(Natrix tesselata).* Dabei gehören die Kreuzotter und die Aspisviper zu jenen Schlangenarten, deren Biss giftig ist.

Zur Entwicklungsgeschichte und Systematik der Reptilien und Eidechsen

Von den zahlreichen Reptilienordnungen, die sich im Laufe der Evolution entwickelt haben, gibt es heute noch vier: die Schildkröten *(Testudines)*, die Panzerechsen *(Crocodylia)*, die Brückenechsen *(Sphenodontidae*, Gattung *Sphenodon)* und die Schuppenkriechtiere *(Squamata)*. Unsere einheimischen Eidechsenarten zählen zur Ordnung der Schuppenkriechtiere.

Die Reptilien (auch Kriechtiere genannt) sind stammesgeschichtlich eng verwandt mit den Amphibien (auch Lurche genannt). Die enge Verwandtschaft ist vor allem daran erkennbar, dass alle Vertreter dieser beiden Tierklassen wechselwarme Tiere sind, deren Körpertemperatur weitgehend von ihrer Umwelt abhängt, und dass diese Tiere in der Regel vier »Beine« mit jeweils fünf »Zehen« haben. Im Laufe ihrer Entwicklung haben sich beide Tierklassen deutlich voneinander abgegrenzt. Es entwickelten sich zahlreiche Reptilienarten, wobei die Dinosaurier im Erdmittelalter vor etwa 110 bis 220 Millionen Jahren die vorherrschende Wirbeltiergruppe waren. Während sich bei Fischen und Amphibien der Embryo ohne feste Eihülle entwickelt, sind die Embryonen von Reptilien, wie auch die von Vögeln und einigen Säugetierarten, durch Eischalen geschützt. Damit haben sich die Reptilien auch bei der Fortpflanzung dem Landleben angepasst, denn sie legen ihre Eier in der Regel an warmen, trockenen Plätzen ab und lassen sie von der Sonne ausbrüten. Bei manchen Reptilienarten bleiben die Eier bis zum Schlüpfen im mütterlichen Leib.

Amphibien stellen eine sehr ursprüngliche Klasse der Wirbeltiere dar. Ihre Vorfahren waren die ersten Wirbeltiere, die vor etwa 350 Millionen Jahren ihren einstigen Lebensraum, das Meer, verließen und zu Landbewohnern wurden. Ihre Larven sind noch ganz an ein Leben im Wasser angepasst.

Die Unterordnung der Echsen wird von Zoologen in mehrere systematische Familien unterteilt, und unsere einheimischen sechs Arten von Echten Eidechsen zählen dabei zur Familie *Lacertidae:* die Mauereidechse *(Podarcis muralis),* die Östliche Smaragdeidechse *(Lacerta viridis),* die Westliche Smaragdeidechse *(Lacerta bilineata),* die Waldeidechse *(Zootoca vivipara),* die Zauneidechse *(Lacerta agilis)* und die Kroatische Gebirgseidechse *(Iberolacerta horvathi).*

Eine weitere heimische Reptilienart ist die Blindschleiche *(Anguis fragilis),* eine Echsenart aus der Familie der Schleichen *(Anguidae).*

Mauereidechse

Die Mauereidechse *(Podarcis muralis)* zählt mit einer Gesamtlänge von bis zu 25 Zentimetern zu unseren mittelgroßen einheimischen Eidechsenarten. Die Rückenfärbung der Tiere ist meist braun mit schwärzlichen Flecken und einem dunklen Mittelstreifen. Vom Kopf ausgehend ziehen sich zwei dunkelbraune Seitenstreifen über den gesamten Eidechsenkörper und werden von hellen, schmalen Bändern umrahmt. Die Kehle und Unterseite der Eidechse haben eine hellere Grundfarbe als der Rücken und zeigen zahlreiche schwarze, braune oder rötliche Flecke. Farbe und Zeichnung sowohl des Rückens als auch der Unterseite sind bei der Mauereidechse sehr variabel. Abweichungen findet man nicht nur bei Tieren, die getrennt voneinander in verschiedenen Regionen leben, sondern auch innerhalb einer Population.

Nachdem Mauereidechsen im März ihre Winterquartiere verlassen haben, beginnt die Zeit der Paarung und Fortpflanzung. Dabei besetzen die Männchen kleinere Reviere, und sobald ein Kontrahent auftaucht, kommt es zu erbitterten Kämpfen, bei denen sich die Tiere heftig ineinander verbeißen und mancher Eidechsenschwanz verloren geht. Die Mauereidechsenweibchen legen zweimal bis dreimal im Jahr jeweils zwei bis acht Eier, die sie unter Steinen oder in selbst gegrabenen Gängen verstecken. Die bei der Geburt etwa sechs Zentimeter langen Jungen werden nicht von der Mutter versorgt und machen sofort Jagd auf kleinere Insekten. Die durchschnittliche Lebenserwartung der

Tiere beträgt fünf bis sechs Jahre, wobei einzelne Mauereidechsen auch bis zehn Jahre alt werden können.

Die Mauereidechse ist mit ihren kräftigen Beinen und langen Zehen eine ausgezeichnete Klettererin und eine Kulturfolgerin, denn man findet sie vor allem in Weinbaugebieten mit ihren typischen Steinmauern in sonnenexponierten Hanglagen. Aber auch Steinbrüche, Abbruchkanten an naturbelassenen Flüssen, Geröllhalden, sonnige Böschungen entlang von Bahnlinien und Straßen, unverfugtes Mauerwerk historischer Gebäude oder die Ruinen menschlicher Bauwerke werden von den Tieren besiedelt.

Die Mauereidechse kommt in weiten Teilen West-, Mittel- und Osteuropas vor: in fast ganz Spanien, in Nordfrankreich, im Süden Belgiens oder in den Niederlanden. In Deutschland trifft man sie regelmäßig in Rheinland-Pfalz oder Baden-Württemberg, wo sie klimatisch begünstigte Lagen in den Weinbaugebieten von Rhein, Mosel, Neckar, Nahe oder Ahr besiedelt. Ebenso findet man die Mauereidechse im Elbtal bei Dresden, im Donautal bei Passau, in der Eifel oder im Rheintal bei Bonn.

Mit ihren kräftigen Beinen und langen Zehen kann sich die Mauereidechse flink auf Felsen und Mauern bewegen.

Durch ihre weite Verbreitung in unserer Heimat und ihre Fähigkeit, sich neuen Lebensräumen anzupassen, gehört die Mauereidechse zu jenen Eidechsenarten, die man am ehesten in einem Garten erwarten kann. Allein mit Trockenmauern, Geröllbeeten oder ähnlichen gärtnerischen Gestaltungselementen, die ihrer Lebensweise entgegenkommen, sind die Tiere jedoch nicht zufrieden. Sie brauchen ausreichend Nahrung während ihrer gesamten Aktivitätszeit, die von März bis in den November hinein dauern kann. Dabei besteht ein Großteil ihrer Beutetiere aus Insekten, die sich von Pollen und Nektar ernähren und einen Garten nur dann bevölkern, wenn ihnen vom zeitigen Frühjahr bis zum Spätherbst entsprechende Blütenpflanzen zur Verfügung stehen (siehe auch Seite 124).

In Österreich findet man die Mauereidechse einerseits in den für sie charakteristischen Lebensräumen, etwa Schotterbänke am Rande von Gebirgsbächen in Kärnten. Andererseits ist sie auch in trockenen oder halbtrockenen Gebieten ohne steinige Struktur verbreitet, zum Beispiel am niederösterreichischen Alpenostrand in lichten Kiefernwäldern oder Kahlschlägen in Hanglagen, die bei Forstarbeiten entstanden sind.

Auch in der Schweiz kommt die Mauereidechse nicht nur in den für sie typischen Felsfluren in sonniger Südlage vor, sondern auch an stark vom Menschen geprägten Plätzen. Vorausgesetzt, dass sie ausreichend Nahrung und günstige klimatische Bedingungen findet, ist sie dort zur echten Kulturfolgerin geworden. So findet man Mauereidechsen heute in fast allen Schweizer Großstädten auf Industriebrachen oder an Gleisanlagen.

Die Mauereidechse wurde von der Deutschen Gesellschaft für Herpetologie und Terrarienkunde 2011 zum »Reptil des Jahres« ernannt. Damit wollte man unter anderem darauf aufmerksam machen, dass sich die Lebensbedingungen der Mauereidechse zunehmend verschlechtern, zum Beispiel durch Flurbereinigungsmaßnahmen und den Einsatz von Spritzmitteln in Weinbaugebieten. Beeinträchtigt werden die Lebensräume teilweise auch durch Kletteraktivitäten an Felsen.

Zauneidechse

Die Zauneidechse *(Lacerta agilis)* ist unsere wohl bekannteste einheimische Eidechsenart und besiedelt fast ganz Europa, von Südschweden bis zu den Pyrenäen, von Schottland bis zur Südspitze des Baikalsees. Die Zauneidechse ist eine mittelgroße Eidechse mit gedrungenem Körper, einem relativ großen Kopf und kurzen Beinen. Erwachsene Tiere können eine Gesamtlänge von etwa 25 Zentimetern erreichen, frisch geschlüpfte Jungtiere sind fünf bis sechs Zentimeter lang. Die Färbung der Eidechsen ist sehr variabel. Der Rücken der Männchen ist meist braun, die Flanken grasgrün, von hellen, schwarz umrandeten Augenflecken unterbrochen. Es gibt aber auch Exemplare mit rötlichem Rücken. Die Weibchen sind meist am ganzen Körper braun gefärbt mit weißlichen Flecken auf der Rückenmitte und entlang der Flanken. Ihr Bauch ist weiß oder gelblich gefärbt, die Männchen haben im Allgemeinen einen grünlichen Bauch. Zur Paarungszeit verfärben sich auch die Köpfe, Kehlen und Flanken der Männchen in ein leuchtendes Grün. Es gibt auch Exemplare, deren gesamter Körper sich grün verfärbt.

Zauneidechsen sind Wärme liebende Tiere und bei der Wahl ihrer Lebensräume recht anspruchslos. Man findet sie vor allem in halboffenen Landschaftsbereichen, zum Beispiel auf Magerwiesen, an Waldrändern, in Dünen oder Heiden. Sie besiedeln aber auch völlig naturferne Plätze wie Bahndämme, Autobahnböschungen, Kiesgruben, Steinbrüche oder Bauschuttdeponien. Im Gebirge findet man die Zauneidechse bis zu einer Höhe von maximal 2200 Metern an sonnenexponierten Geröllhängen mit spärlicher Vegetation.

Zauneidechsen können sich für einen Garten interessieren, wenn sie dort sonnenexponierte Flächen ohne großen Pflanzenbewuchs vorfinden. Trockenmauern, Steinhaufen oder Holzstapel, die möglichst aus abgelagertem rissigen Altholz bestehen, kommen ihren Lebensbedürfnissen entgegen, weil sie dort Verstecke, Plätze für ihre Thermoregulation und auch Nahrungstiere in Form von Spinnen und Kleininsekten finden. Für die Eiablage brauchen sie kleinere Sandflächen oder Sandhaufen, die nicht von Pflanzen überwuchert werden.

Die Weibchen der Zauneidechse legen ihre Eier im Mai oder Juni ab und suchen dazu sandige Flächen auf, die häufig von der Sonne beschienen werden. Vor der Eiablage gräbt das Weibchen kleine Löcher, setzt darin fünf bis 14 Eier ab und bedeckt das Gelege mit Sand. Nach etwa zwei Monaten schlüpfen die Jungtiere und sind in der Regel nach zwei Jahren geschlechtsreif. Ihre Lebenserwartung liegt bei etwa sieben Jahren.

Zauneidechsen erscheinen ab März bis Anfang April und ziehen sich relativ früh in ihre Winterquartiere zurück, oft schon Ende August. Wie bei unseren einheimischen Eidechsenarten üblich, verschwinden zunächst die Alttiere, während die Jungeidechsen in günstigen Jahren bis in den Oktober hinein aktiv bleiben.

Die Zauneidechse war früher sehr häufig anzutreffen und galt als Kulturfolgerin. Heute wird sie in der Roten Liste als gefährdete Art geführt. Als Hauptgründe dafür gelten die Intensivierung der Landwirtschaft, einhergehend mit der Rekultivierung von sogenanntem Brachland, die Beseitigung von Randstreifen und Böschungen, ein immer dichter werdendes Verkehrsnetz und steigender Flächenverbrauch, aber auch ein naturfernes Ordnungsdenken in kommunalen Parkanlagen oder Hausgärten.

Die Zauneidechse gilt als Kulturfolgerin.
Doch ihre Populationen werden von Jahr zu Jahr kleiner.

Westliche Smaragdeidechse

Die Westliche Smaragdeidechse *(Lacerta bilineata)* ist in weiten Teilen Westeuropas beheimatet. Man findet sie in Nordspanien, in weiten Teilen Frankreichs, in Italien bis nach Sizilien, in Österreich oder in der südlichen Schweiz. In Deutschland gibt es nur noch wenige, voneinander getrennt lebende Populationen: im mittleren Rheintal sowie an der unteren Mosel und Nahe.

Die ursprünglichen Lebensräume der Westlichen Smaragdeidechse sind vor allem die wärmebegünstigten, steinigen Hanglagen an natürlichen Flüssen. Diese von der Sonne durchfluteten und zugleich ausreichend feuchten Lebensräume werden den Ansprüchen der Eidechsen gerecht, weil sie den Tieren sowohl offene Flächen als auch Stellen mit etwas dichterem Bewuchs bieten. Solche Gebiete gibt es hierzulande im Grunde kaum noch. Heute findet man die Westliche Smaragdeidechse in sehr verschiedenen Lebensräumen natürlicher und halbnatürlicher Art, also solchen, die unter dem Einfluss des Menschen verändert wurden. Die Tiere besiedeln sowohl sonnige Waldränder, die Hänge alter Weinberge, Dämme entlang von Bahngleisen und Wegen als auch vegetationsarme Felshalden und Trockenwiesen.

Die Westliche Smaragdeidechse kann eine Gesamtlänge von 40 Zentimetern erreichen. Ihr Rücken und weite Teile des Körpers sind grün gefärbt. Während die Grundfarbe der Männchen mehr oder weniger einfarbig Smaragdgrün ist, zeigen die ebenfalls grün gefärbten Weib-

Smaragdeidechsen sind ziemlich ortstreu und falls sie einen Garten als Lebensraum gewählt haben, kehren sie nach ihren Tagesaktivitäten täglich zum selben Unterschlupf zurück. Ihre Winterquartiere beziehen die Tiere etwa ab September. Dabei verschwinden zunächst die Weibchen in ihren frostsicheren Quartieren und danach die Männchen. Die Jungtiere bleiben noch länger aktiv, mitunter bis Ende Oktober. Um die kalte Jahreszeit zu überstehen, müssen sie sich noch ausreichend Reserven anfressen und suchen zum Beispiel Insekten als Nahrungstiere. Viele Insekten wiederum brauchen als Nahrungsquellen Blütenpflanzen, die noch im Spätsommer und Herbst im Garten zu finden sind (siehe auch Seite 124).

Die Westliche Smaragdeidechse ist wie ihre Schwesternart, die Östliche Smaragdeidechse, eine große, prachtvoll gefärbte Eidechse. Sie kommt in unserer Heimat nur noch selten vor.

chen zusätzlich eine Vielzahl von gleichmäßig verteilten, schwarzen oder bräunlichen Pünktchen. Zudem erkennt man bei einigen Weibchen zwei oder vier helle Längsstreifen an den Flanken. Jungtiere sind nach dem Schlüpfen auf dem Rücken einfarbig braun oder kupferfarben, halb erwachsene Tiere zeigen ein braunes Rückenmuster. Wenn sie im Alter von etwa zwei Jahren erwachsen sind, färben sie sich grün.

Wie bei ihrer Schwesternart, der Östlichen Smaragdeidechse, ändert sich die Farbe der Kehle und der unteren Bereiche des Kopfes bei den Männchen und auch bei einigen Weibchen während der Paarungszeit in ein leuchtendes Kobaltblau, das vor allem bei den Männchen intensiv in Erscheinung tritt und den Tieren ein fast exotisches Aussehen verleiht. Smaragdeidechsen zählen zu den wohl schönsten Lebewesen unserer heimischen Natur.

Nach einer sechs bis acht Monate währenden Winterstarre in einem frostsicheren Unterschlupf erscheinen im März oder April zuerst die Männchen, dann die Weibchen und zuletzt die Jungtiere des letzten Jahres. Die wechselwarmen Tiere halten sich jetzt längere Zeit an sonnigen Plätzen auf, um ihre Körper auf Betriebstemperatur zu bringen. Mit der ersten Frühjahrshäutung wird die grüne Körperfarbe intensiver und die weißliche Kehle und Unterseite des Kopfes verfärben sich immer mehr in ein leuchtendes Blau. Die Eidechsen legen ihr Hochzeitskleid an.

Die Rivalitätskämpfe unter den Männchen, Paarung, Eiablage und Schlupf der Jungen verlaufen bei der Westlichen Smaragdeidechse wie bei ihrer Schwesternart, der Östlichen Smaragdeidechse. Auch anhand ihres Aussehens kann man diese beiden Eidechsenarten als Laie kaum voneinander unterscheiden. Deshalb wurden sie lange Zeit als eine Art angesehen. Wissenschaftliche Studien (unter anderem wurde der Nachweis erbracht, dass sich beide Arten nicht miteinander kreuzen) haben schließlich dazu geführt, dass die Westliche Smaragdeidechse seit 1991 als eigene Art geführt wird, obwohl es bis heute darüber unterschiedliche Auffassungen gibt. Das einzige sichtbare Unterscheidungsmerkmal findet man bei den Jungtieren: Die Jungen der Östlichen Smaragdeidechse zeigen eine einheitliche Braunfärbung auf der Oberseite des Körpers, während bei frisch geschlüpften Jungen der Westlichen Smaragdeidechse neben der braunen Grundfarbe eine grünliche Färbung der Hals- und Kopfregion erkennbar ist. Smaragdeidechsen können zehn bis zwölf Jahre alt werden.

Um einen Garten als Lebensraum interessant zu finden, brauchen Smaragdeidechsen sonnenexponierte Plätze für die Eiablage und Thermoregulation sowie Versteckmöglichkeiten und Unterschlüpfe für die Nacht, zum Beispiel eine kleinere Sandfläche, einen Totholzhaufen, Lesesteinhaufen oder eine Trockenmauer.

Östliche Smaragdeidechse

Die Östliche Smaragdeidechse *(Lacerta viridis)* zeigt eine markante Grundfarbe: Der Rücken und große Teile des Körpers sind bei den Männchen und auch bei den meisten Weibchen hellgrün bis dunkelgrün, und in diese Farbe mischen sich zahlreiche schwarze Pünktchen. Die intensive Grünfärbung entsteht bei diesen Eidechsen erst im Laufe der Zeit. Die Jungtiere sind zunächst braun gefärbt und haben zwei oder vier helle Rückenstreifen. In der Fortpflanzungszeit, Ende Mai bis Juli, tragen geschlechtsreife Smaragdeidechsen ein besonders farbenprächtiges Hochzeitskleid. Nachdem sich die Tiere nach ihrer Winterstarre, die von etwa Ende Oktober bis April dauert, gehäutet haben, färben sich die Kehl- und Wangenpartien der Männchen, aber auch vieler Weibchen, in ein leuchtendes Kobaltblau, das sich kontrastreich von der grünen Grundfarbe abhebt und vor allem bei den Männchen intensiv in Erscheinung tritt.

Die Männchen der Smaragdeidechse beanspruchen Territorien, in denen Konkurrenten nicht geduldet werden. Wagt sich in der Paarungszeit ein Eindringling in ein fremdes Revier, wird er mit aufgeblähter Kehle empfangen und es kommt zu erbitterten Beißereien und Verfolgungsjagden. Nachdem sich ein Weibchen mit einem oder mehreren Männchen gepaart hat, vergehen drei bis sechs Wochen, dann legt es acht bis 20 weiße Eier, die es in einer Erdhöhle vergräbt. Nach 70 bis 100 Tagen schlüpfen die jungen Eidechsen. Die winzigen Jungen sind bei ihrer Geburt acht bis zehn Zentimeter lang. Sie sind vom ersten Tag an auf sich allein gestellt und ernähren sich von kleinen Insekten. Im Alter von etwa zwei Jahren sind sie geschlechtsreif. Doch die meisten von ihnen erleben dieses Lebensstadium nicht. Sie werden das Opfer von Füchsen, Mardern, Igeln, Greifvögeln und Hauskatzen oder gehen bei lang anhaltenden Schlechtwetterperioden zugrunde.

Smaragdeidechsen sind bodenbewohnende Tiere. Sie können bei der Jagd nach ihrer Beute, die meist aus Insekten oder Spinnen besteht, aber auch auf Büsche klettern oder springen. Die Östliche Smaragdeidechse ist wie ihre Schwesternart, die Westliche Smaragdeidechse, deutlich größer als unsere anderen einheimischen Eidechsenarten. Sie kann eine Gesamtlänge von bis zu 40 Zentimeter erreichen. Dabei beträgt die eigentliche Körperlänge maximal 13 Zentimeter und der Schwanz ist doppelt so lang.

Ihre Lebensräume finden die schön gefärbten Smaragdeidechsen an sehr verschiedenen wärmebegünstigten Stellen: an Waldrändern, Berghängen oder Bahndämmen, in Felsenbereichen, Weinbergen oder Mauern, auf Trockenwiesen mit Büschen, unter die sie bei Gefahr flüchten können. Die Östliche Smaragdeidechse kommt unter anderem in Österreich vor, im Nordosten Italiens, in Slowenien, in der Ukraine oder in der Türkei. In Deutschland findet man sie nur noch inselartig verbreitet an der Donau bei Passau, am Kaiserstuhl oder in der Oberlausitz, wo sie die Heidelandschaften und trockenen Kiefernwälder in kleiner Individuenzahl besiedelt.

Waldeidechse

Die Waldeidechse *(Zootoca vivipara)* ist mit einer Gesamtlänge von maximal 18 Zentimetern die kleinste Art unter unseren einheimischen Eidechsen. Sie besiedelt eine Vielzahl unterschiedlicher Lebensräume und mehrere Landschaftszonen Eurasiens und hat flächenmäßig das größte Verbreitungsgebiet landlebender Reptilien überhaupt. Von Norden nach Süden erstreckt sich ihr Areal vom Nordzipfel Norwegens bis nach Südbulgarien. Von Westen nach Osten findet man Waldeidechsen auf einer Strecke von mehr als 11 000 Kilometer Länge: beginnend an der Westküste Irlands, über Osteuropa und Sibirien bis zur japanischen Insel Hokkaido. Die Waldeidechse ist die am weitesten nach Norden vorgedrungene Reptilienart und kommt noch in Gebieten bis 70 Grad nördliche Breite vor, zum Beispiel im Norden Norwegens nördlich des Polarkreises. Grund dafür ist auch, dass sich ihre Nachkommen anders als bei anderen Eidechsenarten im Mutterleib entwickeln können und nicht direkt auf die Sonnenwärme angewiesen sind. In den Alpen findet man sie in Höhen bis zu 3000 Meter.

Hierzulande besiedeln Waldeidechsen die unterschiedlichsten Lebensräume natürlicher Art, aber auch solche, die unter dem Einfluss des Menschen entstanden sind. Im Gebirge findet man Waldeidechsen an sonnenexponierten, felsigen Hängen ohne großen Baumbestand

Die Waldeidechse ist unsere kleinste einheimische Eidechsenart.

und ohne allzu üppige Bodenvegetation, auf steinigen Windwurfflächen oder mageren, extensiv genutzten Bergwiesen. Im Flachland kann man Waldeidechsen in lichten Laub- oder Nadelwäldern erwarten, in Sandheiden, an Straßen- und Wegböschungen, Bahndämmen, in älteren Steinbrüchen oder Sandgruben. Waldeidechsen besiedeln oft auch etwas feuchtere Gebiete: sonnige Bach- oder Flussufer, intakte oder abgetorfte Hochmoore, die Uferbereiche von Seen oder Weihern mit dichtem Schilf- oder Binsenbestand. In Gefahrensituationen flüchten Waldeidechsen mitunter auch in ein Gewässer und durchschwimmen es.

Die Färbung von Waldeidechsen ist sehr variabel. Die Oberseite ist braun, grau oder bronzefarben, gelegentlich findet man auch sehr dunkle, fast schwarze Tiere. Die Flanken sind dunkler als der Rücken und jeweils durch einen hellen Längsstreifen von diesem getrennt. Die Unterseite der Eidechse ist wesentlich heller als der Rücken. Beim Weibchen ist sie gelblich bis cremefarben und kaum gefleckt, beim Männchen blass orangefarben mit deutlichen Flecken.

Waldeidechsen sind im mitteleuropäischen Tiefland meist von März bis Oktober aktiv und paaren sich von Mitte April bis in den Juni hinein. In weiten Teilen ihres Verbreitungsgebietes bringen Waldeidechsen etwa drei Monate nach der Befruchtung – im Gegensatz zu allen anderen heimischen Eidechsenarten – voll entwickelte Junge zur Welt, die kurz nach dem Geburtsvorgang aus den weichen, transparenten Hüllen ihrer Eier schlüpfen. Ende August bis September verschwinden zunächst die erwachsenen Tiere in ihren Winterquartieren. Die halbwüchsigen und jungen Eidechsen folgen ihnen meist erst im September oder Oktober, weil sie sich vor der Winterstarre noch ausreichende Reserven anfressen müssen. In Südeuropa kommen auch Eier legende Formen der Waldeidechse vor. Bei diesen entwickeln sich die Embryonen in den Eiern wie bei anderen Eidechsenarten ausschließlich mithilfe der Sonnenwärme. Dieses Phänomen der »zweigleisigen« Geburt ermöglicht es den Waldeidechsen, auch in nördlich gelegene, kalte Regionen vorzudringen, wo andere landlebende Reptilienarten nicht mehr existieren können. Die Waldeidechse wird bis zu neun Jahre alt.

Waldeidechsen können sich auch in Gärten ansiedeln, in denen sie günstige Lebensbedingungen vorfinden, vorausgesetzt, dass die Tiere überhaupt in der näheren Umgebung vorkommen. Ein Garten kann für Waldeidechsen interessant sein, wenn er ihnen sonnenbeschienene Plätze bietet, an denen sie nicht ständig mit Menschen, Hunden oder Hauskatzen in Kontakt kommen, vor denen sie flüchten müssen. Neben Sonnenplätzen brauchen Waldeidechsen Verstecke und Nachtquartiere, zum Beispiel Trockenmauern, Baumstubben, Steinhaufen, Totholz-, Reisig-, Spaltholz- oder Laubhaufen. Weil Waldeidechsen vergleichsweise kälteresistent sind, können sie unter und in solchen Strukturen auch ihr Winterquartier finden. Ein naturnah angelegter Gartenteich mit üppiger Ufervegetation kommt den Lebensansprüchen dieser Eidechsen weiter entgegen, denn sie suchen gern feuchte Plätze auf, um ihren Wasserhaushalt zu regulieren.

Die Kroatische Gebirgseidechse besiedelt felsiges Gelände in Höhen von 500 bis 2000 Metern.

Kroatische Gebirgseidechse

Die Kroatische Gebirgseidechse *(Iberolacerta horvathi)* ist eine zierliche, schlanke Eidechse mit spitzem, abgeflachtem Kopf. Sie hat ausgewachsen eine Körperlänge von etwa sechs Zentimetern, ihr Schwanz ist etwa doppelt so lang. Beide Geschlechter sind auf dem Rücken hellbraun, mitunter auch grau oder grünlich gefärbt, und über die Flanken zieht sich ein dunkles Band, das deutlich von der Körpergrundfarbe abgesetzt in den Schwanz übergeht. Die Unterseite der Kroatischen Gebirgseidechse ist weißlich bis gelblich und ohne Fleckenmuster. Die fehlenden Flecke an der Kehle unterscheiden sie auch von der Mauereidechse, deren Kehle deutlich gefleckt ist und die ihr ansonsten zum Verwechseln ähnlich sieht.

Die Kroatische Gebirgseidechse lebt in Höhen von 500 bis 2000 Metern und besiedelt dort die felsigen, feuchten und sonnenexponierten Quellbereiche von Gebirgsbächen oder die Randbereiche von Seen mit ihren Geröllufern, an denen nur wenige Sträucher oder Bäume wachsen. Kroatische Gebirgseidechsen kommen im Nordosten Italiens, im Nordwesten Sloweniens und im Süden Österreichs vor. 1990 wurde die Art auch im bayrischen Karwendelgebirge beobachtet. Dieses Vorkommen konnte später nicht mehr bestätigt werden, sodass es sich vermutlich um ausgesetzte Tiere handelte.

Rieseneidechsen auf den Kanarischen Inseln

Kanareneidechsen *(Gallotia)* kommen nur auf den Kanarischen Inseln vor und unterscheiden sich durch eine auffällig gedrungene Schädelform, die besondere Anordnung der Schuppen sowie in der Färbung und Zeichnung von anderen Vertretern der Echten Eidechsen.

Die endemisch auf dieser Inselgruppe im Atlantik lebende Eidechsengattung *Gallotia* umfasst acht Arten: die Kleine Kanareneidechse *(Gallotia caesaris)*, die Kanareneidechse *(Gallotia galloti)*, die Ostkanareneidechse *(Gallotia atlantica)*, die La-Palma-Rieseneidechse *(Gallotia auaritae)*, die La-Gomera-Rieseneidechse *(Gallotia bravoana)*, die Teneriffa-Rieseneidechse *(Gallotia intermedia)*, die El-Hierro-Rieseneidechse *(Gallotia simonyi)* und die Gran-Canaria-Rieseneidechse *(Gallotia stehlini)*.

Wie es ihre Namen andeuten, gibt es unter den Kanareneidechsen Arten von ungewöhnlicher Größe. Dabei kann die Gran-Canaria-Rieseneidechse eine Gesamtlänge von bis zu 80 Zentimetern erreichen, die El-Hierro-Rieseneidechse wird bis zu 75 Zentimeter lang. In diesem als »Gigantismus« bezeichneten Phänomen sehen Wissenschaftler nichts Ungewöhnliches, denn Riesenwuchs und auch das Gegenteil, die Verkleinerung einer Lebensform, lassen sich nicht nur bei Eidechsen, sondern auch bei vielen anderen Tierarten und Pflanzenarten, die abgegrenzt ausschließlich in einem bestimmten Gebiet leben, nachweisen und werden als Anpassung an sich verändernde Lebensbedingungen betrachtet.

Fossile Funde belegen, dass es die **La-Gomera-Rieseneidechse** schon vor zwei Millionen Jahren auf dieser grünen Insel mit ihrem mediterran-subtropischen Klima gab. Seit dem 19. Jahrhundert galt diese bis zu 70 Zentimeter lang werdende Eidechsenart als ausgestorben und wurde 1999 wiederentdeckt. »El Gigante«, wie die Einheimischen die La-Gomera-Rieseneidechse nennen, kommt ausschließlich auf La Gomera vor und besiedelte dort früher fast alle Bereiche der Insel, von der Küste bis zu einer Höhe von 800 Metern. Heute ist diese Rieseneidechse sehr selten und zählt zu den weltweit am stärksten bedrohten Tierarten.

Auf der kleinen Kanareninsel El Hierro lebte schon vor den Zeiten der Eroberer eine Rieseneidechse *Gallotia goliath*, die über einen Meter lang werden konnte. Da sie sich bevorzugt von den Feldfrüchten der Bimbachen, den Ureinwohnern der Insel, ernährte, wurde sie gejagt und vermutlich auch

als willkommene Speise genutzt. Die **El-Hierro-Rieseneidechse** galt als ausgestorben, bis im Jahre 1974 der Hobbyforscher Werner Bings eine Unterart *Gallotia simonyi* entdeckte. In einer auf El Hierro errichteten Aufzuchtstation gelang es, diese Art erfolgreich nachzuzüchten und auch an einigen Stellen der Insel wieder auszuwildern.

Die **Gran-Canaria-Rieseneidechse** ist auf der drittgrößten Insel des Kanarischen Archipels noch relativ häufig anzutreffen. Im Gebirge besiedelt sie Höhenlagen bis 1900 Meter, im flacheren Gelände findet man sie auf Geröllfeldern und auch in Bananenplantagen oder Tomatenfeldern. Da sie sich gern von überreifen Bananen sowie auch von Tomaten und anderen Feldfrüchten ernährt, wird sie von den Bauern als Schädling betrachtet und verfolgt.

Eine Besonderheit der Kanareneidechsen ist, dass sie zu quietschenden bis knarrenden Lautäußerungen befähigt sind und vor allem die Gran-Canaria-Rieseneidechse furchterregende Geräusche von sich geben kann, sobald sie sich bedroht fühlt. Wie alle auf den Kanaren lebenden Eidechsenarten gilt auch die Gran-Canaria-Rieseneidechse als besonders scheues Reptil, das bei jeder Störung sofort in einem Versteck verschwindet. Andererseits berichten Wanderer, die auf der Vulkaninsel unterwegs sind, dass sie auf handzahme Exemplare treffen, die sich von ihnen mit Proviant füttern lassen. Die Gran-Canaria-Rieseneidechse kommt auch an einigen Stellen auf der kargen Insel Fuerteventura vor, wo sie von Menschen ausgesetzt wurde.

Blindschleiche

Schon so manche Blindschleiche *(Anguis fragilis)* wurde von verängstigten Spaziergängern oder Gartenbesitzern »vorsichtshalber« totgeschlagen, weil man sie für eine Schlange hielt. Dabei handelt es sich bei der Blindschleiche um eine völlig harmlose und nützliche Echsenart innerhalb der Familie der Schleichen. Die Familie der Schleichen zählt wie die Familie der Echten Eidechsen zur Unterordnung der Echsen innerhalb der Ordnung der Schuppenkriechtiere. Die Schlangen sind neben den Echsen die zweite Unterordnung innerhalb dieser Ordnung. Im Gegensatz zu den meisten anderen Vertretern der Echsen, die sich auf vier Beinen fortbewegen, haben sich diese bei der Blindschleiche im Laufe der Evolution zurückgebildet, sodass sie jetzt nur noch in Ansätzen an ihrem Skelett erkennbar sind.

Den Unterschied zwischen Schlange und Blindschleiche erkennt man unter anderem auch daran, wie sich diese Reptilien fortbewegen. Während sich eine Schlange schnell und elegant »davonschlängelt« und dabei mit ihrem Körper den Boden kaum zu berühren scheint, wirkt die Fortbewegungsart der Blindschleiche eher plump, fast kriechend. Ein weiteres Unterscheidungsmerkmal besteht darin, dass Blindschleichen ihre Augenlider verschließen können, während uns eine Schlange mit starrem, unbewegtem »Blick« betrachtet.

Der zoologische Name der Blindschleiche, *Anguis fragilis (fragilis:* lateinisch »zerbrechlich«), ist darauf zurückzuführen, dass diese Tiere, wie alle Echsen, Teile ihres Schwanzes bei Gefahr abwerfen können. Das abgetrennte Schwanzstück zappelt dann noch minutenlang hin und her und lenkt Vögel oder andere Fressfeinde effektiv von der flüchtenden Blindschleiche ab. Im Gegensatz zu anderen Echsen wächst der Schwanz bei der Blindschleiche nicht mehr nach und das Tier bleibt zeitlebens verstümmelt.

Eine Blindschleiche ist keineswegs blind, wie uns ihr Name vielleicht vorgaukelt. Der Name »Blindschleiche« wird auf den althochdeutschen Begriff »plintschlicho« zurückgeführt, was allgemein so viel wie »blendender Schleicher« heißt und auf das glänzende Schuppenkleid des Tieres hindeutet.

Erwachsene Blindschleichen sind in der Regel 25 bis 40 Zentimeter lang, wobei der Schwanz meist etwas länger als der eigentliche Körper ist. Im Erwachsenenstadium zeigen Blindschleichen sehr verschiedene Grau-, Braun- oder Gelbfärbungen. Manche Exemplare haben markante dunkle Längsstreifen auf der Rückenmitte, bei anderen ist die Rückenzeichnung nur schwach erkennbar. Fast alle Blindschleichen beeindrucken den Naturliebhaber durch ihren wunderschönen Glanz am ganzen Körper.

Blindschleichen paaren sich zwischen Ende April und Juni. Nach etwa zwölf Wochen gebären die Weibchen ähnlich wie viele Waldeidechsen und anders als die meisten anderen Reptilien, die Eier legen, sechs bis maximal 26 voll entwickelte Junge, die, sobald sie den Mutterleib verlassen haben, die dünne Eihaut, von der sie umgeben sind, durch zappelnde Körperbewegungen zerreißen. Die Jungtiere sind sieben bis zehn Zentimeter lang und haben unter günstigen Bedingungen eine Lebenserwartung von etwa 40 Jahren. Als Nahrungstiere dienen Blindschleichen vor allem Nacktschnecken, Regenwürmer oder Raupen, seltener Asseln, erwachsene Insekten oder Spinnen.

Die Blindschleiche gehört zu den bei uns am häufigsten vorkommenden Reptilien und ist in nahezu ganz Europa anzutreffen. Sie fehlt in Irland, im Norden Skandinaviens und auf den meisten Nordseeinseln.

Die Blindschleiche ist eine harmlose und überaus nützliche Echsenart.
Ihre Nahrungstiere sind vor allem Nacktschnecken.

Als Lebensräume bevorzugen diese beinlosen Echsen etwas feuchtere, sonnige bis halbschattige Plätze mit dichter Bodenvegetation, die sie in Wäldern oder deren Randbereichen finden. Ebenso anzutreffen sind die Tiere in Hochmooren, Heiden oder naturnahen Gärten, in denen sie günstige Verstecke unter Baumstubben, Moospolstern, Hecken, Stein-, Laub- und Reisighaufen oder Brennholzstapeln finden.

Im Herbst ziehen sich Blindschleichen nach Art der Eidechsen in frostsichere Gänge zurück, deren Öffnungen sie mit Erde oder Moos verschließen. Den Winter durchleben sie in Kältestarre in Ansammlungen von bis zu 100 Individuen der eigenen Art oder auch in Gemeinschaft mit anderen Reptilienarten oder Amphibienarten. Mit Beginn der wärmeren Jahreszeit, etwa Anfang April, zieht es die Blindschleichen wieder ins Freie.

Unter Baumstubben oder Moospolstern finden Blindschleichen und viele andere Tiere Unterschlupf.

Biologie

Körperbau der Echten Eidechsen

Die meisten Echten Eidechsen haben einen schlanken Körper und vier gut entwickelte Beine mit jeweils fünf Zehen. Zwei weitere charakteristische Merkmale der Eidechsen sind ihr Schuppenkleid und ein auffällig langer, zugespitzter Schwanz, der abgeworfen werden kann. Der kegelförmige Kopf ist mit dem Körper durch einen kurzen Hals verbunden, und an der Kehle erkennt man das sogenannte »Halsband«, eine Reihe vergrößerter Schuppen, die sich deutlich von den Brustschuppen abheben. Im Gegensatz zu Schlangen besitzen die meisten Echten Eidechsen – alle hierzulande einheimischen Arten – bewegliche Augen, die wie die der Vögel durch zwei Lider, Oberlid und Unterlid, und eine Nickhaut verschlossen werden können. Die Tiere haben eine lange, am vorderen Ende gegabelte Zunge, die sie häufig aus dem weit gespaltenen Maul hervorstrecken und die vor allem als Tastorgan und Sinnesorgan dient. An den Kieferrändern der Eidechsen befindet sich je eine Reihe kleiner spitzer Zähne. Diese sind nicht in Zahnfächern wie bei Säugetieren verankert, sondern auf den Kieferknochen aufgesetzt. Weitere Zähnchen wachsen bei den Tieren im Gaumen. In Not geraten, sind die Tiere auch in der Lage, sich an einem Finger oder Kleidungsstück festzubeißen, wenn man sie festhält und zu fangen versucht.

Mit ihren relativ langen und kräftigen vier Gliedmaßen kann sich die Eidechse schnell fortbewegen. Weil die Oberschenkel ihrer Beine seitlich aus dem Körper herausragen und die Unterschenkel zu kurz sind, um den Eidechsenkörper deutlich vom Boden abzuheben, sieht es so aus, als würde das Tierchen über den Boden kriechen. Da sich auch die meisten Eidechsenverwandten aus der Klasse der Reptilien auf diese Art fortbewegen, werden diese Tiere allgemein auch als »Kriechtiere« bezeichnet.

Bei ihrer schnellen Fortbewegung »schlängelt« sich die Eidechse über den Untergrund. Dabei bewegt sich ihr ganzer Körper schwingend, und die Kraft, die sie für ihre Fortbewegung braucht, liegt vor allem in den kräftigen Hinterbeinen. Stellt die Eidechse etwa das rechte Hinterbein nach vorn, macht ihr biegsamer Körper eine Krümmung nach links und wird, wenn er sich wieder streckt, ein Stück weiter in die eingeschlagene Richtung geschoben. Stellt sie beim nächsten Schritt ihr linkes Hinterbein nach vorn, erfolgt die Körperkrümmung nach rechts. Gleichzeitig bewegt sich auch der lange Schwanz der Eidechse hin und her und beschleunigt die Fortbewegung. Da sich an den »Fingern« der Tiere lange Krallen befinden, können sie auch geschickt über Mauern oder Felsen klettern.

Als Ausscheidungsorgan besitzen Eidechsen eine sogenannte Kloakenspalte, die gleichzeitig der Bildung und Ausscheidung von Urin und auch festen Exkrementen sowie der Fortpflanzung dient. An der Unterseite der Hinterbeine befinden sich Drüsenschuppen, aus denen vor allem die Männchen während der Paarungszeit ein wachsartiges Sekret absondern, von dem man annimmt, dass es der Markierung ihrer Reviere dient.

Im Scheitelbein, einem Teil des Schädelknochens, befindet sich eine Öffnung, durch die durch eine transparente Schuppe Licht eindringen kann. Dabei handelt es sich nach derzeitigem Wissen um ein Sinnesorgan, das auch Parietalorgan oder »Scheitelauge« genannt wird und der Unterscheidung von Hell und Dunkel oder dem Erkennen von Bewegungen dient. So kann die Eidechse zum Beispiel die Flucht ergreifen, wenn sie über sich einen Greifvogel wahrnimmt.

Der Körper der Eidechse ist von zahlreichen Hornplättchen, den Schuppen, bedeckt. Dabei sind die Kopfschuppen besonders groß und teilweise mit den Schädelknochen verwachsen. Dagegen sind die Schuppen am Rücken zumeist klein und körnig, am Bauch wiederum groß und in regelmäßigen Längsreihen und Querreihen angeordnet. Das Schuppenkleid schützt vor Verletzungen und zu starker Verdunstung der Körperflüssigkeit. Gleichzeitig begünstigt es die Aufnahme und Speicherung von Wärme aus der Sonnenenergie.

Echte Eidechsen sind tagaktive Tiere von relativ geringer Körpergröße und vergleichsweise kurzer Lebensdauer. So hat die zu den kleinen Arten zählende Spanische Mauereidechse eine Gesamtlänge von 16 bis 18 Zentimetern, während die größte europäische Eidechse, die Perleidechse, eine Gesamtlänge von bis zu 80 Zentimetern erreichen kann. Diese Eidechsenart hat eine Lebenserwartung von etwa zehn

Jahren. Unsere beiden größten einheimischen Eidechsenarten, die Smaragdeidechsen *Lacerta viridis* und *Lacerta bilineata,* haben etwa die gleiche Lebenserwartung und können eine Gesamtlänge von etwa 40 Zentimetern erreichen.

Sinnesorgane

Eidechsen haben von allen Kriechtieren das beste Sehvermögen. Mit ihren kleinen, flinken Augen beobachten sie aufmerksam ihre Umgebung, suchen Nahrungstiere oder mögliche Partner und flüchten sofort, wenn sie einen Feind erkennen, der sich ihnen nähert. Die schillernden Farben, die vor allem die Männchen während der Paarungszeit zieren, lassen zudem darauf schließen, dass Eidechsen auch ein gutes Farbsehvermögen haben.

Das Ohr der Eidechsen ist wie das anderer Wirbeltiere beschaffen und am Kopf als kleine Öffnung erkennbar. Ihr Gehörsinn ist nicht besonders ausgeprägt und sie reagieren allenfalls auf laute Töne. Ob Eidechsen zu Lautäußerungen fähig sind, ist umstritten. Mehreren Berichten zufolge können die Tiere je nach Art unterschiedliche Laute von sich geben, die wie Quieken, Krächzen oder Knurren klingen. Diese Laute stellen aber wohl keine wirkliche Kommunikation dar und können durch mechanisches Auspressen von Luft entstehen, etwa bei Rivalitätskämpfen oder wenn eine Eidechse von einem Fressfeind ergriffen wird und in Not gerät.

Eidechsen haben einen gut ausgeprägten Sehsinn. Alle heimischen Eidechsenarten können ihre Augen bewegen und durch Oberlid, Unterlid sowie eine Nickhaut schließen.

Wie alle Schuppenkriechtiere besitzen Eidechsen für die Wahrnehmung von Geruch und Geschmack neben ihrer Nase ein besonderes sensibles Sinnesorgan, das sogenannte Jacobsonsche Organ. Es befindet sich im Gaumenboden und zeigt zwei nebeneinanderliegende Vertiefungen, ausgekleidet mit Sinneszellen. Beim Züngeln nimmt die Eidechse Duftmoleküle auf, führt dann die Spitzen ihrer gespaltenen Zunge in die beiden Vertiefungen am Jacobsonschen Organ und erhält so Informationen, etwa über ein anvisiertes Beutetier, dessen Art, Größe oder Geschmack. Das Jacobsonsche Organ dient der Eidechse vor allem zur Beschaffung ihrer Nahrung. Bei der Suche nach einem Geschlechtspartner oder einem geeigneten Platz zur Eiablage orientiert sie sich eher an den Geruchsinformationen, die ihr über ihre Nase zugeführt werden.

Regelung der Körpertemperatur

Im Gegensatz zu fast allen Säugetieren oder Vögeln, die ihre Körpertemperatur auf einem konstant hohen, gleichwarmen Niveau halten und in begrenztem Maße regulieren können, ist die Körpertemperatur von Eidechsen und allen anderen Reptilienarten ebenso wie die von Amphibien oder Fischen abhängig von der Temperatur ihrer Umgebung, und die Tiere suchen im ständigen Wechsel wärmere oder kühlere Orte auf, um ihre Körpertemperatur zu regulieren.

»Unterkühlte« Eidechsen bewegen sich sehr langsam, werden so leicht das Opfer von Feinden und sind selbst nicht schnell genug, um eine Beute zu erhaschen. Deshalb suchen sie, wenn sie morgens ihre Schlafquartiere verlassen, Sonnenplätze auf, um sich aufzuwärmen. In der Regel kommen unsere einheimischen Eidechsen am Morgen erst bei einer Außentemperatur von 17 bis 18 Grad aus ihrem Unterschlupf, recken dann vorsichtig ihren Kopf heraus und sobald sie etwas erwärmt sind, wagen sie sich ganz aus ihrem Versteck und nehmen ein Sonnenbad auf einem Holzklotz oder Baumstamm. Beim Erreichen ihrer durchschnittlichen Körpertemperatur beginnen sie mit ihren Tagesaktivitäten. Dabei liegt die durchschnittliche Körpertemperatur zum Beispiel der Zauneidechse bei 31 bis 32 Grad. Die Dauer des Sonnenbades

Winterschlaf, Winterruhe, Winterstarre

Einige unserer einheimischen Tiere suchen zu Beginn der kalten Jahreszeit frostsichere Verstecke auf und fallen dort in einen *Winterschlaf*. Dazu gehören Fledermäuse, Igel oder Siebenschläfer. Während dieser Zeit sinkt ihre Körpertemperatur stark ab und gleicht sich in etwa der Umgebungstemperatur an. Ebenso verlangsamen sich Atmung und Herzschlag, und die Tiere zehren von ihren angefressenen Fettreserven.

Andere Tiere, wie Dachse oder Eichhörnchen, verbringen die kalte Jahreszeit in *Winterruhe*. Sie suchen im Herbst frostgeschützte Quartiere auf und fallen dort in eine Art Dämmerschlaf, bei dem sich Herzschlag und Atmung verlangsamen. Ihre Körpertemperatur sinkt ab, aber nie so tief wie bei den Winterschläfern. Die sich im Zustand der Winterruhe befindlichen Tiere wachen zwischendurch immer wieder auf, verändern ihre Schlafposition oder nehmen, wie Eichhörnen, Nahrung zu sich. Das Eichhörnchen sucht dann seine Vorratslager auf, in die es im Herbst Nüsse oder Bucheckern eingetragen hat. Nachdem es sich an den ausgegrabenen Vorräten satt gefressen hat, verschwindet es wieder in einem angelegten »Nest« aus Moos und Laub, um seine Winterruhe fortzusetzen.

Reptilien oder Amphibien verbringen die kalte Jahreszeit in *Winterstarre*. Sie sind wechselwarme Tiere und ihre Körpertemperatur passt sich der Umgebungstemperatur an. Deshalb müssen sie frostsichere Quartiere aufsuchen, um nicht zu erfrieren. Im Zustand der Winterstarre nehmen die Tiere keine Nahrung auf und Herzschlag und Atmung reduzieren sich auf ein Minimum. Sie zehren auch von ihren Fettreserven. Erst mit Beginn der wärmeren Jahreszeit werden die Tiere wieder aktiv und verlassen ihre Winterquartiere. Ein wichtiger Unterschied zum Winterschlaf ist, dass die Winterstarre allein von der Außentemperatur eingeleitet wird und nicht wie beim Winterschlaf auch durch physiologische Prozesse im Tier selbst. Teichmolche verbringen drei bis vier Monate in Winterstarre, bei unseren einheimischen Eidechsen dauert diese Phase je nach Eidechsenart fünf bis sechs Monate. Eidechsenarten, die in tropischen oder subtropischen Regionen leben, wo die Temperaturschwankungen nur gering sind, bleiben ganzjährig aktiv.

wird bei Eidechsen vermutlich hormonell über das Parietalorgan oder »Scheitelauge« gesteuert (siehe Seite 32). Experimente haben gezeigt, dass Eidechsen, denen man dieses Organ operativ entfernt hatte, deutlich reduzierte Fluchtreflexe zeigten und sich wesentlich intensiver der Sonnenwärme aussetzten als gesunde Tiere.

Obwohl Eidechsen Wärme liebende Tiere sind, suchen sie auch bei uns im Hochsommer nicht unentwegt die Sonnenwärme. Sie wechseln von Sonnenplätzen in den Schatten oder verschwinden während der heißen Mittagsstunden in ihren Verstecken, denn ein Anstieg ihrer Körpertemperatur über einen Höchstwert von 42 Grad kann zu ihrem Tode führen. Am Abend sieht man Eidechsen oft auf sonnenaufgeheizten Steinen sitzen. Sie wärmen so noch einmal ihren Körper, bevor sie in ihren Nachtquartieren verschwinden.

Mit Einbruch der kalten Jahreszeit ziehen sich die Tiere in frostsichere Überwinterungsbehausungen zurück und fallen mit zurückgehenden Temperaturen in die sogenannte Winterstarre. Ihre Körpertemperatur sinkt, alle Stoffwechselvorgänge reduzieren sich auf ein Minimum und sie nehmen keine Nahrung mehr auf. Bei extrem langen Frostperioden mit weiter sinkenden Temperaturen sind die Tiere kaum noch in der Lage, sich zu bewegen. Die minimale Menge an Stoffwechselwärme, die sie hervorbringen, wenn sie sich doch bewegen, entweicht an ihre Umgebung, und es besteht die Gefahr, dass sie den Kältetod sterben.

In den kalten Monaten brauchen Eidechsen frostsichere Überwinterungsquartiere.

Ernährung

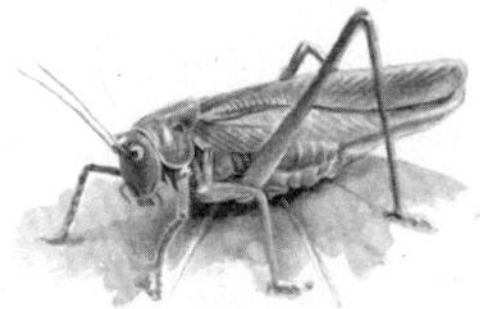
Laubheuschrecke

Echte Eidechsen ernähren sich hauptsächlich von kleinen Beutetieren und nur hin und wieder auch von Beeren, Früchten oder Samen. Zum Beutespektrum von Eidechsen zählen vor allem Heuschrecken, Zikaden, Käfer, Wanzen, Ameisen, Asseln, Schnecken, Hundertfüßer, Fliegen, Schmetterlingsraupen, Regenwürmer oder Spinnen. Eidechsen orten ihre Nahrungstiere mithilfe ihrer Sinne Hören, Riechen und Sehen. Sie ergreifen ihre Opfer mit den bezähnten Kiefern und schlucken kleinere Tiere im Ganzen, größere robuste Tiere, wie Heuschrecken oder Käfer, werden gekaut und die sperrigen Chitinteile, zum Beispiel Deckflügel der Käfer, anschließend wieder ausgespuckt. Die benötigte Flüssigkeit nehmen Eidechsen zum größten Teil über ihre Nahrung auf, trinken aber auch an Gräsern oder Blättern die Tropfen von Tau oder Regen. Nur selten kann man beobachten, dass sie direkt aus einer Pfütze oder einer anderen Wasserstelle trinken.

Die Auswahl der Tiere, von denen sich Eidechsen ernähren, ist variabel und wird durch das lokale Vorkommen und den Wechsel der Jahreszeiten bestimmt, der immer wieder neue Tierarten hervorbringt, während andere verschwinden. Die Körpergröße einer Eidechse, die Ausbildung ihrer Sinnesorgane und die Schnelligkeit, mit der sie sich bewegt, können aber entscheidend für die Auswahl ihrer Beutetiere sein. Unsere beiden größten Eidechsenarten, die Westliche und die Östliche Smaragdeidechse, sind äußerst flinke und geschickte Jäger und halten sich bei der Nahrungssuche nicht nur an die übliche Eidechsenkost. Sie erbeuten mitunter auch Jungvögel oder Jungmäuse und selbst der eigene Nachwuchs oder der anderer Eidechsenarten muss sich in Zeiten der Nahrungsknappheit vor ihnen in Acht nehmen. Dagegen hält sich die Blindschleiche, die sich nur langsam fortbewegt und zudem über ein schlecht entwickeltes Sehvermögen verfügt, bevorzugt an langsame Beutetiere, zum Beispiel Schnecken, Regenwürmer oder unbehaarte Raupen.

Häutung

Die äußere Haut von Echten Eidechsen, Blindschleichen oder Schlangen ist verhornt und kann nicht mitwachsen. Deshalb wird sie mehr oder weniger regelmäßig abgestreift und durch eine neue, größere ersetzt: Die Tiere häuten sich. Ihre Haut besteht aus drei Schichten: Oberhaut (Epidermis), Lederhaut (Dermis) und Unterhaut (Subcutis). Abgestreift wird nur die Oberhaut. Die Häutung wird vor allem durch die Tätigkeiten der Schilddrüse und Thymusdrüse gesteuert. Bei Jungtieren erfolgt die erste Häutung schon kurz nach dem Schlupf. Eine bevorstehende Häutung kündigt sich durch eine Eintrübung des gesamten Körpers an, doch bevor die Haut abgestreift werden kann, muss zwischen die oberste Schicht und die darunterliegende neue Hautschicht Flüssigkeit (Wasser) gelangen, die beide Schichten voneinander trennt. Deshalb halten sich Eidechsen während der Häutungszeiten an feuchten Orten auf oder gehen wie manche Waldeidechsen direkt ins Wasser. Die alte Haut wird an Steinen oder Büschen abgestreift. Schlangen streifen ihre Haut im Ganzen ab. Eidechsen haben oft Mühe, ihre alte Haut in Stücken loszuwerden, und laufen während der Häutungszeiten oft tagelang mit kleinen Hautfetzen herum, die noch an ihrem Körper haften.

Eidechsen häuten sich regelmäßig, wobei die Umgebungstemperatur, die Feuchtigkeit und das Nahrungsangebot eine Rolle spielen. Wachsende Jungeidechsen häuten sich alle paar Wochen, erwachsene Tiere durchschnittlich drei- bis viermal im Jahr.

Eine echte Gefahr für Eidechsen sind Hauskatzen.

Abwerfen des Schwanzes

Einige Tierarten sind imstande, einen bestimmten Teil ihres Körpers bei Gefahr abzuwerfen. Diese als Autotomie oder »Selbst-Schneidung« bezeichnete Fähigkeit findet man vor allem bei wirbellosen Tieren. So werfen zum Beispiel Weberknechte eines ihrer langen Beine ab, wenn sie von einem hungrigen Vogel ergriffen werden. Auch Regenwürmer können sich von einigen ihrer Hinterleibssegmente trennen, wenn sie in Gefahr sind, anderenfalls gänzlich von einem Räuber verspeist zu werden. Unter den Wirbeltieren sind es vor allem die Echsen, die dazu befähigt sind, Teile ihres Schwanzes abstoßen, sobald sie von einem Fressfeind gepackt werden.

Abwärts vom sechsten Schwanzwirbel hat jeder Wirbel bei Eidechsen eine Art Sollbruchstelle, an der das Muskel- und Bindegewebe nur schwach ausgebildet ist. Wenn sich die Eidechse in akuter Not befindet, kann sie durch eine kurze, kräftige Kontraktion der Ringmuskeln den gesamten Schwanz oder Teile davon an einer dieser Sollbruchstellen abwerfen. Direkt nach dem Abwurf ziehen sich die an der Wunde liegenden Muskeln zusammen und verschließen sie, sodass es zu keinen großen Blutverlusten kommt. Das abgeworfene Schwanzteil bewegt sich noch mehrere Minuten lang hin und her und lenkt so die Aufmerksamkeit eines Angreifers von der flüchtenden Eidechse ab.

Bei einer Eidechse, die sich durch Abwerfen von Schwanzteilen retten konnte, regeneriert sich der Schwanz in wenigen Monaten. Während dieser Zeit verbrauchen die Tiere viel Energie, sind weniger wendig und können leicht Opfer wildernder Katzen oder anderer Fressfeinde werden. Der nachwachsende Eidechsenschwanz ist nicht mehr mit dem »Original« vergleichbar. Er ist weniger farbenprächtig. Ihm fehlen Knochengerüst und Rückenmark und er besteht nur aus einem stabilisierenden Knorpelstab und Bindegewebe. Auch von ihrem »Ersatzschwanz« können sich Eidechsen bei Gefahr trennen und er wächst wieder nach.

Von der Möglichkeit der Autotomie werden Eidechsen nur Gebrauch machen, wenn sie sich akut bedroht fühlen, denn der Verlust ihres Originalschwanzes ist für die Reptilien mit vielen Nachteilen verbunden. Sie sind nicht mehr so beweglich wie zuvor, fallen leichter Feinden zum Opfer, sind nicht mehr so flink beim Erhaschen einer Beute und weniger attraktiv für das andere Geschlecht, und vor allem für die Männchen wird es schwer, sich gegenüber Konkurrenten zu behaupten. Auch durch unbedachte menschliche Störungen können Eidechsen in eine Notsituation geraten und ihren Schwanz abwerfen.

Paarung, Eiablage, Entwicklung, Schlupf

Wie bei allen Wirbeltieren geschieht auch bei den Eidechsen die Paarung nicht spontan, sondern es gehen ihr bestimmte Rituale voraus. Die Männchen vieler Arten tragen zur Paarungszeit ein farbenprächtiges Hochzeitskleid, um mit diesem optischen Signal ihren Geschlechtspartnerinnen zu imponieren. Hat ein Männchen ein paarungsunwilliges Weibchen ausgemacht, so läuft dieses in der Regel davon und wedelt dabei mit dem Schwanz. Zeigt sich ein Weibchen paarungsbereit, vollzieht sich der Paarungsakt nach menschlicher Sichtweise ziemlich »lieblos«, denn das Weibchen bekommt die Zähne seines Partners zu spüren.

Bei diesem für Eidechsen typischen Paarungsbiss beißt sich das Männchen kurz vor der Paarung in der Flanke des Weibchens fest und krümmt dann seinen Körper so, dass sich die Kloaken beider Partner treffen und der Hemipenis eingeführt werden kann. Die Hemipenes

Während der Begattung packt das Eidechsenmännchen seine Partnerin im Lendenbereich.

sind besondere Sexualorgane männlicher Eidechsen und befinden sich in einer Hauttasche verborgen dicht an der Kloake in der Schwanzbasis des Tieres. Jeder Hemipenis verfügt über einen eigenen Hoden und ist so ein separater Bestandteil des Geschlechtstraktes. Bei der Kopulation wird ein Hemipenis herausgestülpt und in die Kloake des Weibchens eingeführt. Wenn ein Männchen mit diesem Hemipenis drei- oder viermal sexuell aktiv geworden ist, benutzt es den anderen, weil der Samen des vorherigen vermutlich verbraucht ist. Männchen und Weibchen können sich während der Fortpflanzungszeit mit mehreren Partnern paaren.

Die Befruchtung der Eier vollzieht sich innerhalb der Eileiter und schon dort beginnt auch die Entwicklung der Embryonen. Nach drei bis sechs Wochen werden die Eier, die eine dünne, pergamentartige Schale besitzen, unter Steinen, Baumstubben oder in einem selbst gegrabenen Gang im Erdreich abgelegt und abschließend sorgsam zugedeckt.

Wie Eidechsenweibchen bei der Eiablage vorgehen, ist von Art zu Art verschieden. Mitunter scharren die Tiere das Erdreich an mehreren Stellen weg und prüfen, ob der Platz geeignet ist. Andere legen ihre Eier im Schutz der Dunkelheit ab. Auch die Größe der Eier ist von Art zu Art verschieden. Die Eier der Zauneidechse haben zum Beispiel eine Größe von etwa 1,5 mal 1 Zentimeter. Nur in Ausnahmefällen konnte man beobachten, dass ein Weibchen zu seinem Gelege zurückkehrt, um die Eier zu wenden oder zu säubern. In der Regel kümmern sich die Tiere nach der Eiablage nicht weiter um ihre Gelege.

Besonders geschützt

Nach den Naturschutzgesetzen Deutschlands, Österreichs und der Schweiz sind alle in diesen Ländern lebenden Eidechsenarten besonders geschützt. Danach ist es nicht gestattet, sie zu töten, sie zu verletzen, ihnen nachzustellen, sie zu fangen oder in Besitz zu nehmen. Den gleichen Schutzstatus genießen auch ihre Entwicklungsformen – also Eier oder Schlüpflinge –, und auch die Brut- und Zufluchtsstätten von Eidechsen dürfen weder beschädigt noch zerstört werden.

Nach dem Schlupf sind Jungeidechsen auf sich gestellt und müssen von Anfang an selbst für ihre Ernährung sorgen.

Der Schlupf der Jungtiere ist weitgehend von Umwelteinflüssen wie Temperatur, Feuchtigkeit oder Lichtverhältnissen abhängig. In der Regel dauert es zwei bis drei Monate, bis sich die jungen Eidechsen ihren Weg aus den weichen, pergamentartigen Eischalen bahnen. Die durchschnittlich nur etwa daumenlangen Winzlinge müssen von Anfang an selbst für ihre Ernährung sorgen und machen Jagd auf kleine Insekten oder Spinnen. Viele von ihnen werden in diesem Frühstadium das Opfer von Vögeln, Spitzmäusen, Igeln und Hauskatzen oder werden gar von erwachsenen Tieren der eigenen Art verspeist.

Bei einigen Eidechsenarten bringen die Weibchen voll entwickelte Jungtiere zur Welt. Diese Art der Fortpflanzung finden wir auch bei unserer einheimischen Waldeidechse, allerdings nur in Teilen ihres Verbreitungsgebietes (siehe Seite 20). Bei Waldeidechsen, die in anderen wärmeren Regionen leben, legen die Weibchen Eier ab und lassen sie von der Sonne ausbrüten.

Natürliche Feinde

Eidechsen leben überwiegend von kleinen Nahrungstieren wie Insekten, Spinnen, Würmern oder Schnecken. Gleichzeitig haben sie selbst viele Fressfeinde, vor denen sie ständig auf der Hut sein müssen. Neben frei laufenden Katzen, die Eidechsenpopulationen gebietsweise sehr stark dezimieren, sind es vor allem Elstern, Eichelhäher, Turmfalken und Mäusebussarde, aber auch Schlingnattern oder Marder, denen Eidechsen zum Opfer fallen.

Elster

Mit ihrem schwarz-weißen Gefieder und dem langen Schwanz ist die Elster *(Pica pica)* leicht von anderen Rabenvögeln zu unterscheiden. Elstern ernähren sich vor allem von Früchten, den Samen wilder Beeren oder Insekten und deren Larven. Gelegentlich plündern sie auch die Nester anderer Vögel. Dabei haben sie es nicht selten auf die entlang von frisch geschnittenen Hecken offen liegenden Nester abgesehen, sodass man eine Hecke auch aus diesem Grund auf keinen Fall während der Vogelbrutzeiten schneiden sollte. Als Einwanderer in unsere Dörfer und Städte sieht man Elstern oft auch auf Bäumen an dicht befahrenen Straßen, wo sie geduldig darauf warten, dass eine Maus, ein Käfer, eine Blindschleiche oder ein anderes Kleintier totgefahren wird, die ihnen dann als Nahrung dienen.

Elstern meiden dichte Waldgebiete. Man trifft sie im offenen Gelände mit Büschen und hohen Bäumen, in Parks, auf Friedhöfen

Die Elster zählt zu den bekanntesten Rabenvögeln. Eidechsen sind Teil ihrer Nahrung.

oder in größeren Gärten. Die scheuen Vögel bauen ihr sperriges, überdachtes Kugelnest meist auf hohen Bäumen, kleiden es mit Lehm aus und polstern es mit Wurzelfasern. Ab März legt das Weibchen sechs bis sieben Eier, die es allein ausbrütet. Nach etwa drei Wochen schlüpfen die Jungvögel, die von beiden Eltern gefüttert werden, bis sie nach 22 bis 24 Tagen das Nest verlassen.

Eichelhäher

Eichelhäher *(Garrulus glandarius)* sieht man sowohl in Wäldern als auch in Stadtparks oder Gärten mit größerem Baumbestand. Der prächtig gefärbte Vogel mit dem markanten »Bart« hinter dem kurzen, gedrungenen Schnabel verbirgt sich meist im dichten Blattwerk. Man wird aber sofort auf ihn aufmerksam, wenn er mit einem heiseren, lauten »Rätsch« davonfliegt. Neben diesem Warnruf können Eichelhäher sehr verschiedene andere Geräusche imitieren. Um andere Vögel zu täuschen, ahmen sie oft auch deren Stimmen nach, und zwar so echt, dass selbst in der Nähe befindliche Artgenossen der imitierten Vögel darauf hereinfallen. Eichelhäher fressen zwar auch Insekten und andere kleine Tiere wie Eidechsen oder Mäuse und stehen im schlechten Ruf, eine Vorliebe für die Eier und Jungvögel anderer Vogelarten zu haben. Ihre Hauptnahrung besteht aber aus verschiedenen Samen oder Früchten. Das ganze Jahr über, hauptsächlich jedoch im Herbst, sammeln Eichelhäher Tausende von Eicheln, teilweise auch andere Nussfrüchte, vergraben sie im Boden und legen sich so Vorräte an. Da die Vögel nicht alle Vorratslager wiederfinden, beginnen die »vergessenen« Eicheln später zu keimen, und so manche Eiche in unseren Wäldern verdanken wir den Eichelhähern.

Während der Balzzeit im Frühjahr sieht man das Eichelhähermännchen in seiner Imponierhaltung: Es spreizt die Flügel und fächert den Schwanz. In der Zeit von April bis Juni legt das Weibchen vier bis sechs Eier in ein flaches Nest, das mit Zweigen und Wurzelfasern in Büschen oder Bäumen errichtet wurde. Die Eier werden von beiden Partnern gemeinsam in etwa 16 Tagen erbrütet, und auch die Nesthocker werden von beiden Eltern versorgt, bis sie nach etwa 20 Tagen flügge sind.

Schlingnatter

Die Schlingnatter *(Coronella austriaca)* ist mit einer Körperlänge von 60 bis 70 Zentimetern eine relativ kleine Schlange mit glatter Beschuppung. Die Männchen sind auf der Oberseite meist gelbbraun bis dunkelbraun gefärbt, während die Weibchen eine graue oder bräunlich schwarze Grundfarbe haben. Charakteristisch ist eine Rückenzeichnung, bestehend aus dunklen Rechtecken oder Punkten, die aber nie in einer zusammenhängenden Zickzacklinie verlaufen wie bei der Kreuzotter, mit der die Schlingnatter oft verwechselt wird. Die Schlingnatter ist in Europa weit verbreitet, gilt aber als selten. In Deutschland kommt sie vor allem in den südlich oder südwestlich liegenden Mittelgebirgsregionen vor. Sie besiedelt bevorzugt wärmebegünstigte Hänge mit Trockenrasen, Geröllflächen oder traditionell bewirtschaftete Weinberge mit ihren Trockenmauern.

Die Männchen der Schlingnatter verhalten sich während der Paarungszeit im späten Frühjahr ähnlich aggressiv wie Eidechsenmännchen und es kommt zu erbitterten Kämpfen mit Artgenossen, die, angelockt von der Duftspur eines empfängnisbereiten Weibchens, aneinandergeraten. Die Paarung, der ein ritualisiertes Vorspiel vorausgeht, kann mitunter mehrere Stunden dauern. Die Weibchen der Schlingnatter legen keine Eier, sondern gebären fertig entwickelte Junge, die, sobald sie geboren sind, die dünnen Eihüllen, von denen sie umgeben sind, durch zappelnde Körperbewegungen zerreißen. Ein Weibchen bringt zwischen drei und 15 Junge zur Welt und legt dann in der Regel eine Fortpflanzungspause ein, die ein oder mitunter auch drei Jahre dauern kann. Unter günstigen Bedingungen können Schlingnattern ein Alter von bis zu 20 Jahren erreichen.

Zu den Fressfeinden der Schlingnatter zählen Greifvögel, Steinmarder, Igel oder Kolkraben. Sie selbst ernährt sich von großen Insekten, Mäusen, Vogeleiern und, sofern sie im Revier der Schlange vorkommen, bevorzugt von Blindschleichen und Eidechsen. Beim Beutefang werden größere Tiere vor dem Verschlingen mit den Kiefern gepackt, vom Körper der Schlange umschlungen und erwürgt, daher der Name »Schlingnatter«. Vor dem Ergreifen eines Nahrungstieres ortet die Schlingnatter ihr Opfer geruchlich. Aber Eidechsen sind ihrer Feindin

Wie fast alle Reptilienarten wird auch die ungiftige Schlingnatter in unserer Heimat immer seltener.

nicht hilflos ausgeliefert. Mithilfe ihres Geruchssinnes können auch sie wahrnehmen, wenn sich eine Schlingnatter in ihrer Nähe befindet, und dann schnell in einer schützenden Mauerspalte oder einem ähnlichen Versteck verschwinden.

Wenn sich die Schlange durch Menschen bedroht fühlt, kann sie auch zubeißen. Das Besondere an ihrem Biss ist, dass sie das Körperteil, das sie erwischt hat, nicht sofort wieder loslässt und man einige Mühe hat, sich von ihr zu befreien. Der Biss selbst ist harmlos, verursacht kaum Schmerzen und hinterlässt nur eine kleine Wunde. Um Infektionen auszuschließen, sollte man jedoch einen Arzt aufsuchen. Zu einem Biss wird es aber nur kommen, wenn man sich zu nahe an die Schlange heranwagt oder versehentlich auf sie tritt. Von Natur aus ist sie nicht aggressiv und wird eher die Flucht ergreifen, wenn sie einen Menschen erblickt.

Die ungiftige Schlingnatter wurde von der Deutschen Gesellschaft für Herpetologie und Terrarienkunde zum »Reptil des Jahres 2013« ernannt. Wie fast alle heimischen Reptilienarten wird auch die Schlingnatter in vielen Regionen unserer Kulturlandschaft immer seltener und ist zunehmend durch die Zerstörung ihrer Lebensräume, das geringer werdende Vorkommen von Nahrungstieren oder durch Menschen bedroht, welche die harmlosen und nützlichen Tiere aus purer Abneigung oder Angst – und verbotenerweise – erschlagen.

Lebensräume und Ursachen der Gefährdung

Die angestammten Naturlebensräume unserer einheimischen Eidechsenarten sind mit der Ausdehnung der Kulturlandschaft immer knapper geworden. Natürliche Eidechsenbiotope wie felsiger Trockenrasen, naturbelassene Böschungen, Bach- und Waldränder oder Moore wurden oft nach menschlichen Vorstellungen vernichtet oder umgestaltet, ohne dabei die Lebensbedürfnisse der Reptilien oder anderer Tiere zu berücksichtigen. Von diesen Landschaftsveränderungen sind alle unsere einheimischen Eidechsenarten betroffen und gezwungen, auf Sekundärlebensräume wie Weinbaugebiete mit ihren Stützmauern, Steinbrüche, Sandgruben oder Heiden auszuweichen, mitunter sogar auf völlig naturferne Plätze wie Lärmschutzwälle an dicht befahrenen Autobahnen, Bahndämme oder Bauschuttdeponien.

Dabei scheint es Arten wie der Zauneidechse oder der Waldeidechse besser zu gelingen, sich neuen Lebensräumen anzupassen, als unseren beiden Smaragdeidechsenarten.

Auch die Feldhecke ist ein wichtiger Sekundärlebensraum für viele Tiere. Sie bietet Eidechsen Sonnenplätze, Erdkröten schattige Verstecke, Haselmäusen Winterquartiere, Vögeln Nistplätze, Nahrung und Schutz.

Obwohl sich das natürliche Verbreitungsgebiet der Zauneidechse ebenso wie das der Waldeidechse über ganz Mitteleuropa erstreckt, ist die Zauneidechse, eine zuvor häufig vorkommende Art, heute längst nicht mehr überall anzutreffen. Wie ihr Name andeutet, war die Zauneidechse früher eine typische Kulturfolgerin, weil sie durch die Lattenzäune der Bauerngärten schlüpfte und dort ihr Auskommen fand. Heute scheint sich das Vorkommen der Zauneidechse immer mehr auf inselartig verbreitete Bestände zu reduzierten. Bei ihren Wanderungen, die die Tiere vor allem in der Paarungszeit unternehmen, kommt es zu hohen Verlusten beim Überqueren von Straßen oder Wegen, und die fortschreitende Landschaftszerstückelung führt dazu, dass es ihnen kaum noch gelingt, in Gebiete mit geschwächten Populationen einzuwandern. Zudem haben Zauneidechsen nur kleine Aktionsradien. Maximale Wanderbewegungen werden mit etwa 300 Metern angegeben.

Auch die Mauereidechse, eine weitere Kulturfolgerin, ist heute längst nicht mehr so häufig anzutreffen wie früher. Ihre ursprünglichen Lebensräume sind Felsen und Blockhalden, naturbelassene Flüsse mit ihren Abbruchkanten und Schotterbänken oder von Stein und Geröll durchsetzte Trockenrasen. Später wurde die Mauereidechse zur typischen Besiedlerin von Weinbaugebieten mit ihren Trockenmauern in sonnenexponierten Hanglagen. Dort fanden die Tiere genügend Nahrungstiere und die zahlreichen Fugen in den Stützmauern boten ihnen Schutz vor Feinden, Unterschlüpfe für die Nacht und auch während der Mittagshitze im Hochsommer konnten sie sich dort verkriechen. Weitere Ersatzlebensräume fanden Mauereidechsen in den Ruinen von Feldsteinkirchen, Burgen und Mauern oder in aufgegebenen Steinbrüchen, in denen sich Pflanzen und Nahrungstiere für Eidechsen wieder anzusiedeln begannen. Durch Wiederaufnahme von Abbrucharbeiten in Steinbrüchen, den Wiederaufbau oder Abriss von Ruinen gingen auch viele dieser Lebensräume für die Mauereidechsen verloren. Die gravierendsten Eingriffe in die von Mauereidechsen besiedelten Sekundärlebensräume gab es aber in den Weinbaugebieten, wie etwa am Kaiserstuhl, wo ein seit Generationen traditionell bewirtschaftetes Weinbaugebiet durch Flurbereinigungsmaßnahmen in eine triste

Rebenlandschaft verwandelt wurde. Durch den Abbau oder die Vermörtelung von Trockenmauern, einhergehend mit dem Einsatz von Spritzmitteln, der auch die Nahrungstiere von Eidechsen vernichtet, sind viele Weinbaugebiete für Mauereidechsen nicht mehr bewohnbar.

Besser scheint es den Mauereidechsen auf dem Züricher Hauptbahnhof zu gehen. Der Züricher Hauptbahnhof ist der größte Bahnhof der Schweiz und mit fast 3000 Zugfahrten täglich einer der verkehrsreichsten Bahnhöfe der Welt. Seit 1994 werden dort zwischen den Gleisanlagen in den Außenbereichen mit Trockenmauern, Holzstapeln, Drahtschotterkörben, Kies- und Sandflächen, der Aussaat von Wildblumen und dem Anlegen von kleinen Teichen Tierarten wie die Gelbbauchunke, die Blauflügelige Sandschrecke, Wildbienen und Mauereidechsen speziell gefördert, und das teure und aufwendige Hilfsangebot wurde von allen erwünschten Tierarten angenommen. Inzwischen lebt auf dem Züricher Hauptbahnhof die größte Mauereidechsenpopulation des Schweizer Mittellandes.

In Deutschland zählen Smaragdeidechsen zu den Raritäten in der Reptilienfauna. Vermutlich waren diese prachtvollen Eidechsen in früheren Jahrhunderten in Mitteleuropa einmal stärker verbreitet. In Deutschland beschränkt sich ihr Vorkommen nur noch auf einige inselartige Populationen. Die Westliche Smaragdeidechse bevorzugt als Lebensraum sonniges Gelände mit nicht allzu hoher Vegetation, sowohl natürlicher als auch halbnatürlicher Art, zum Beispiel steinige, oft etwas feuchtere Gebirgshänge in Höhen bis 2000 Meter, Waldränder und Wegränder, Bahndämme, Halbtrockenwiesen, alte Streuobstwiesen oder Weinberge, die in traditioneller Art bewirtschaftet werden. Die Östliche Smaragdeidechse hat ihr eigentliches geschlossenes Verbreitungsgebiet in Südosteuropa, in Deutschland gibt es noch eine kleinere Population in den Donauhängen bei Passau und, weit davon entfernt, ein Restvorkommen in der Oberlausitzer Heidelandschaft, in der Nähe der Städte Cottbus und Guben, dicht an der Grenze zu Polen. Durch die räumliche Trennung ist ein Zusammenfinden von Tieren aus beiden Populationen nicht möglich. Zoologen beziffern die Anzahl der in der Oberlausitz lebenden Smaragdeidechsen nur noch auf etwa 300 Exemplare und befürchten, dass diese Population in naher

Zukunft ausgestorben sein wird. Da die Östliche Smaragdeidechse in Ostdeutschland vor dem Zweiten Weltkrieg wesentlich stärker verbreitet war als heute, sucht man nach Gründen für ihr allmähliches Verschwinden. Eine Rolle könnten dabei die veränderten Anbaumethoden in der Landwirtschaft spielen, die mit Gründung der DDR begannen, sich in großflächig bewirtschafteten Nutzflächen und dem Einsatz von Kunstdüngern, Herbiziden und Insektiziden widerspiegelten und auch heute noch so betrieben werden. Auch in der Lausitzer Heidelandschaft, die von sandigen Böden, Kiefern, Heidekrautbüschen und kleineren Heidemooren geprägt ist, werden immer wieder chemische Gifte versprüht, um Forstschädlinge in Schach zu halten, die aber auch viele Nahrungstiere der Smaragdeidechsen vernichten. Als weitere Gründe für den Rückgang der Smaragdeidechsenpopulation im Osten Deutschlands werden klimatische Veränderungen oder die Ansiedlung von Holzverarbeitungsbetrieben in der Oberlausitz und im nahen Polen, einhergehend mit einer Abholzung der Kiefernwälder in bisher nie gekannten Ausmaßen, in Betracht gezogen.

Weil die angestammten Naturlebensräume unserer einheimischen Eidechsen immer knapper wurden, sind die Tiere vielerorts auf Sekundärlebensräume angewiesen. Auch diese gilt es zu erhalten.

Subjektiv betrachtet, könnte die Waldeidechse jene einheimische Eidechsenart sein, die in einer zunehmend von Menschenhand geprägten Landschaft am besten zurechtkommt. Doch auch die Waldeidechse leidet unter der Landschaftszerstückelung und kann nicht in Gebieten leben, in denen monotone Nutzflächen das Bild bestimmen und mit Insektiziden viele ihrer Nahrungstiere vernichtet werden. Ihre angestammten Lebensräume liegen in etwas feuchteren, lichten Waldgebieten, in den Randzonen von Gewässern oder (wie es ihr volkstümlicher Name »Mooreidechse« andeutet) in Mooren. Sie hat es als einzige Eidechse geschafft, in Sibirien bis jenseits des Polarkreises vorzudringen und dort auf ewig gefrorenem Boden zu leben. Ebenso erstreckt sich ihr Verbreitungsgebiet im Süden bis nach Bulgarien, mit seinem milden, maritimen Klima. Sie kann also, im Gegensatz zu anderen Eidechsenarten, in sehr verschiedenen Landschaftszonen mit großklimatischen Unterschieden leben. Ebenso wie sie sich unterschiedlichen klimatischen Bedingungen anpassen kann, gelingt es der Waldeidechse auch, mit gewissen Einschränkungen zu existieren, die menschliche Eingriffe in ihre angestammten Lebensräume mit sich bringen. Oder sie besiedelt sogar ausgesprochen naturferne Plätze, die durch Menschenhand geschaffen wurden. Voraussetzungen sind dabei, dass diese Eidechsen dort immer genügend Nahrungstiere sowie Sonnenplätze und Unterschlüpfe finden. So kann man Waldeidechsen ebenso in intakten wie in abgetorften Hochmooren begegnen, in dürren Kiefernwäldern, die von Menschen gepflanzt wurden, auf den Schotterhügeln unter Starkstromleitungen, auf Bauschutthalden, Friedhöfen oder am Rand von Baggerseen.

Verbreitungsgebiete und Lebensräume Echter Eidechsen

Echte Eidechsen *(Lacertidae)*, oft auch als Lacertiden oder Halsbandeidechsen bezeichnet, kommen in Europa, in Teilen Asiens und in Afrika vor. Sie fehlen auf dem gesamten amerikanischen Kontinent und auch in Australien gibt es keine Echten Eidechsen. Die komplizierten Verwandtschaftsbeziehungen bei den Lacertiden sind seit Jahren Gegenstand wissenschaftlicher Untersuchungen, bei denen es immer wieder zu unterschiedlichen Schlussfolgerungen kommt. In der derzeitigen Systematik werden Echte Eidechsen mit etwa 300 Arten in mehr als 40 Gattungen beschrieben.

Charakteristisch für Echte Eidechsen ist das sogenannte »Halsband«, ein deutlich erkennbares, beschupptes Querband, das die Kehle von den Brustschuppen trennt. Es gibt auch einige wenige Arten, bei denen das Halsband nur schwach erkennbar ist, oder es fehlt gänzlich. Im Gegensatz zu vielen anderen Echsen ist der Körper von Echten Eidechsen sehr schlicht gestaltet, es fehlen den Tieren zum Beispiel schmückende Rückenzacken, Kehlsäcke oder Schuppensäume längs des Schwanzes wie sie andere Echsenarten tragen.

Die meisten Lacertiden leben am Boden, in lichten Wäldern, auf Trockenwiesen, in Olivenhainen, Weinbergen, kargen Lavafeldern, Steppen und Wüsten, an Gebirgshängen oder sandigen Flussufern. Eine Ausnahme bilden die hauptsächlich im tropischen Afrika beheimateten langschwänzigen Afrikanischen Baumeidechsen der Gattung *Gastropholis*, die in den Kronenbereichen hoher Bäume leben.

Im Folgenden werden einige interessante Arten der Echten Eidechsen vorgestellt, die jenseits unserer Heimat leben und denen wir vielleicht auf einer Urlaubsreise begegnen können.

Der **Europäische Fransenfinger** *(Acanthodactylus erythrurus)* kommt auf der Iberischen Halbinsel und in Nordafrika vor. Dort besiedeln die etwa 20 Zentimeter langen Eidechsen Geröllfelder mit karger Bodenvegetation und bevorzugt die Sanddünen an der Meeresküste. Dem Leben auf den stark erhitzten Sandflächen haben sich Fransenfinger auf besondere Weise angepasst. An ihren Zehen befindet sich ein breiter Saum von »Fransen«, sodass sie mit ihren fächerartig gestalteten Füßen nicht einsinken und sich flink auf den heißen Dünen fortbewegen.

Der Algerische Sandläufer ist eine robuste Eidechsenart mit dünnem Schwanz, der wesentlich länger als der Körper ist.

Der **Algerische Sandläufer** *(Psammodromus algirus)* kommt in den nördlichen Teilen Marokkos und Algeriens sowie in großen Teilen der Iberischen Halbinsel, in Südfrankreich und in der spanischen Sierra Nevada bis zu einer Höhe von etwa 2600 Metern vor. Dem Algerischen Sandläufer fehlt das charakteristische »Halsband« der Halsbandeidechsen. Die überwiegend braun gefärbten, robusten Eidechsen sind bis zu 30 Zentimeter lang, wobei der Schwanz das bis zu Dreifache der Körperlänge erreicht. Die Tiere sind außerordentlich flink, rennen bei Gefahr mit großer Geschwindigkeit über den heißen Sand und verschwinden unter einem Busch – daher der Name »Sandläufer«. Eine Besonderheit des Algerischen Sandläufers ist es, dass er Quieklaute von sich gibt, wenn er sich bedroht fühlt.

Die **Riesen-Smaragdeidechse** *(Lacerta trilineata)* ist auf den griechischen Inseln, der Balkanhalbinsel und im westlichen Asien zu finden, wo sie Lagen bis zu 2000 Meter Höhe besiedelt. Riesen-Smaragdeidechsen werden bis über 50 Zentimeter lang und bevorzugen als Lebensräume sonnige Plätze in Lesesteinmauern, Olivenhainen, Geröllfeldern oder Binnendünen mit Buschwerk, unter dem sich die scheuen Tiere blitzschnell verkriechen, sobald sie gestört oder von Feinden bedroht werden. Riesen-Smaragdeidechsen legen in den kühleren Regionen ihres Verbreitungsgebietes eine vier bis sechs Monate dauernde Winterpause ein, in den südlichen und wärmeren Gegenden bleiben sie ganzjährig aktiv.

Die **Ruineneidechse** *(Podarcis siculus)* zählt zur Gattung der Mauereidechsen und lebt in Italien, auf Sardinien, Korsika sowie im europäischen Teil der Türkei. Die 20 bis 25 Zentimeter langen Eidechsen haben eine grüne oder auch graue bis bräunliche Grundfarbe und besiedeln unterschiedliche Biotope, zum Beispiel vegetationsreiche Geröllfelder, Trockenwiesen oder Steinbrüche. Als Kulturfolger findet man sie auch in der Nähe menschlicher Siedlungen an Straßenböschungen, auf Agrarflächen oder Mülldeponien, wo sie die dort zahlreich vorkommenden Insekten jagen. Ruineneidechsen kommen (oder kamen) auch in einem Teil Andalusiens, auf Menorca, in Nordafrika und in den USA bei Philadelphia vor, wo sie von Menschen ausgesetzt wurden.

Mit einer Gesamtlänge von 60 bis 75 Zentimetern ist die **Perleidechse** *(Timon lepidus)* die größte Echte Eidechse des europäischen Kontinents. Perleidechsen sind prachtvoll gefärbte Tiere, wobei die Grundfarbe meist Grün ist, in Ausnahmefällen aber auch Grau oder Bräunlich sein kann und von zahlreichen schwarzen Flecken unterbrochen wird. Die Flanken der Tiere ziert ein markantes blaues Fleckenmuster. Ein besonders prachtvolles Aussehen haben Perleidechsen im Jugendstadium, dann bilden sich auf ihrem Rücken und auch an ihren Beinen zahlreiche helle, dunkel umrandete Augenflecken, die später wieder verschwinden. Perleidechsen kommen auf der gesamten Iberischen Halbinsel, in Südfrankreich und im Nordwesten Italiens vor. Dort leben die sonnenhungrigen Tiere an trockenen, sandigen oder steinigen Plätzen, oft auch auf Kulturflächen wie Weinbergen oder Olivenhainen. Perleidechsen sind bodenbewohnende, scheue Tiere, die bei Gefahr in unterirdische Nagerbauten, unter Büsche oder Steinhaufen, aber auch in die Höhlungen alter Bäume flüchten, die sie kletternd erklimmen.

Das Europäische Schlangenauge besiedelt offene, besonnte Landschaften in einer Höhe bis maximal 800 Meter.

Im europäischen Teil der Türkei, in Südostbulgarien, auf dem griechischen Festland und auf den Inseln Rhodos und Thasos ist das **Europäische Schlangenauge** *(Ophisops elegans)* beheimatet. Diese kleine, schlanke Eidechse, die eine Gesamtlänge von maximal 20 Zentimetern erreicht, lebt dort an trockenen, sonnigen Plätzen ohne dichte Vegetation, zum Beispiel am Rand von lichten Wäldern, an Geröllhängen oder in Olivenhainen. Schlangenaugen haben einige Besonderheiten. Sie besitzen kein »Halsband« und wenn sie sich beunruhigt fühlen, stellen sie sich auf den Hinterbeinen und dem Schwanz auf, um nach dem Störenfried Ausschau zu halten. Im Gegensatz zu anderen Eidechsenarten haben Schlangenaugen einen »starren« Blick, der an denjenigen von Schlangen erinnert, denn die unteren Augenlider verwuchsen im Laufe der Evolution mit den oberen Lidern, wobei sich über den Augen eine dünne, transparente Schicht bildete, sodass Schlangenaugen ihre Umgebung wie durch eine Art Brille betrachten. Ihre Augenlider besitzen aber die Fähigkeit, sich über dem Augapfel zu bewegen.

Der eidechsenfreundliche Garten

Einen Garten eidechsenfreundlich anzulegen, bedeutet, dass sich die Natur darin in großer Vielfalt entfalten kann. Dieser Garten enthält viele verschiedene Gestaltungselemente in Form von Blumenwiesen, Hecken und Bäumen, Mauern, Wegen, Teichen, Geröllflächen, Sandbeeten, Steinhaufen, Holzstapeln oder Gemüsebeeten. In diesem Garten werden keine Gifte verwendet. In ihm wachsen Obst, Gemüse, Kräuter und Blumen bunt durcheinander und Blattläuse, Schnecken oder Kohlweißlingsraupen werden nicht zur Plage, weil es Marienkäfer, Igel oder Eidechsen gibt, denen sie als Nahrungstiere willkommen sind.

Ein eidechsenfreundlicher Garten muss nicht besonders groß sein. Die Tiere brauchen aber einen Platz, an dem sie nicht ständig durch Menschen, Hunde, jagdfreudige Hauskatzen oder Hühner aufgestöbert und zur Flucht gezwungen werden. Vor allem, wenn man in einer katzenreichen Umgebung lebt, sollte man sich überlegen, ob es sinnvoll

Ein eidechsenfreundlicher Garten braucht nicht unbedingt sehr groß zu sein.

ist, Eidechsen durch gezielte Maßnahmen in einen Garten zu locken. Wenn man ständig die eigene Katze oder Katzen der Nachbarn aus den Gartenbereichen, in denen sich Eidechsen aufhalten, vertreiben muss, kann dies zu einer frustrierenden Dauerbeschäftigung werden. Zudem sind Katzen einfallsreich und geduldige Lauerjager, die eine Eidechse nach stundenlangem Beobachten doch erbeuten und dann stolz, mit dem zappelnden Reptil im Maul, davonlaufen.

Man sollte sich zudem bewusst sein, dass Eidechsen den Zugang zum Garten von sich aus finden müssen. Wenn Eidechsen in der Umgebung leben, ist es wahrscheinlich, dass sie auch den neu gestalteten Naturgarten erobern werden, wenn er ihren Bedürfnissen entspricht. Ob Letzteres der Fall ist, wissen die Tiere selbst am besten. Wenn ein Garten ähnlich einer Naturinsel inmitten von akkurat gepflegten Gartenanlagen, zwischen Häusern, die sich aneinanderreihen, und ständig befahrenen Straßen liegt, kann man eigentlich nicht mit dem Zuzug von Eidechsen rechnen. Ebenso können hohe Bäume, Gebäude oder Mauern auf dem eigenen Grundstück oder auf den Grundstücken der Nachbarn so viel Schatten in einen Garten bringen, dass er von Sonne liebenden Eidechsen von vornherein gemieden wird. Es verbietet sich zudem von selbst, die Tiere anzusiedeln, indem man sie fängt und im Garten aussetzt. Abgesehen davon, dass solches Vorgehen Schmerz und Angst für die Tiere bedeutet, ist es auch gesetzlich verboten.

Pflanzen sind stets der Ausgangspunkt aller Nahrungsketten und sie ermöglichen uns und den Tieren unser Dasein auf der Erde überhaupt, weil wir alle vom Sauerstoff leben, der bei ihrer Fotosynthese als Nebenprodukt entsteht. Wenn man sich Eidechsen im Garten wünscht, braucht man nicht auf opulente Blütenpflanzen wie Dahlien oder edle Kulturrosen zu verzichten. Diese Pflanzen sollten aber nicht dominieren, denn durch die züchterischen Veränderungen und immer neue Blütenformen sind die Nektarquellen dieser Pflanzensorten für viele Bestäuberinsekten kaum noch zu erreichen, und einige dieser Prachtgewächse haben ihre Fähigkeit zur Nektarproduktion auch ganz verloren. Ohne wissenschaftliche Statistiken zu bemühen, wird jeder Naturfreund erkennen, dass es heimische Wildblumen sind, von denen Bienen, Hummeln oder Schmetterlinge angelockt werden. Bunt blühende Wildpflanzen wie Glockenblumen, Esparsette, Klappertopf, Wiesensalbei oder Wiesenflockenblumen stehen in der Beliebtheit bei Nektar und Pollen suchenden Bestäuberinsekten ganz weit oben, während die prachtvollen Blüten von Zuchtrosen, Rhododendren oder Lilien im Allgemeinen meist auf Desinteresse stoßen.

Zwei Beispiele sollen verdeutlichen, welchen Wert heimische Wildpflanzen für unsere Tierwelt haben: Die Bunte Kronwicke liefert mit ihren Blüten Nektar und Pollen für Tagfalter, Hummeln und andere Wildbienen. Ihre Samen holen sich Grünlinge oder Hänflinge. Ihre Blätter ernähren die Raupen zahlreicher einheimischer Schmetterlingsarten: die Raupen des Silbergrünen Bläulings, des Himmelblauen Bläulings, des Dunklen Dickkopffalters, des Hufeisenklee-Heufalters, des Postillons, des Grünlichen Heufalters, des Kronwicken-Widderchens, des Randfleck-Widderchens, der Wickeneule.

Die gelben Blüten des Hornklees haben einen Bestäubungsmechanismus, der speziell auf Hummeln und andere Bienen ausgerichtet ist. Gleichzeitig ist diese Wildblume eine begehrte Futterpflanze für die Raupen vieler einheimischer Schmetterlinge wie Senfweißling, Grüner Heufalter, Brombeer-Zipfelfalter, Hauhechelbläuling, Dunkler Dickkopffalter, Erdeichel-Widderchen, Gewöhnliches Blutströpfchen und Esparsetten-Widderchen.

Hauhechelbläuling

Mit einer Vielzahl einheimischer Wildblumenarten, die in unserem Garten blühen, vergrößert sich die Anzahl der Kleintiere, die von ihnen angelockt werden. Diese Pflanzen stehen am Beginn einer langen Nahrungskette und es entwickelt sich ein lebendiger Garten, in dem auch Eidechsen leben können.

Neben ungestörten Sonnenplätzen auf Steinen oder Holz brauchen Eidechsen vegetations-

Gewöhnlicher Hornklee

Im eidechsenfreundlichen Garten fühlen sich Menschen, Tiere und Pflanzen wohl.

arme Sandflächen, wo sie ihre Eier, die sich unter Einfluss der Sonnenwärme entwickeln, ablegen können. Am besten legt man einen solchen Eiablageplatz vor einer Trockenmauer oder einem Totholzhaufen an, denn dann können sich die Tiere dort jederzeit vor Feinden verstecken und finden Unterschlupf während der Nacht oder bei Schlechtwetterperioden. Die kleine Waldeidechse braucht diese Sandfläche zur Eiablage nicht, denn ihre Jungen entwickeln sich im Körper des Weibchens. Wie alle wechselwarmen Tiere braucht die Waldeidechse dennoch die Sonnenwärme, um richtig aktiv zu werden. Im Gegensatz zur Zauneidechse oder Mauereidechse hält sie sich auch außerhalb ihrer Häutungszeiten gern in den etwas feuchteren Randbereichen eines Gewässers auf, sodass ein naturnah angelegter Teich im Garten ihren Lebensansprüchen entgegenkommt.

Die Blindschleiche zeigt sich bei warmem Sommerwetter vor allem in den frühen Morgenstunden und in der Abenddämmerung. Ihre Tagesverstecke befinden sich unter Steinen, Hecken, Moospolstern oder Reisighaufen. Blindschleichen zählen seit jeher zu den Reptilienarten, die Bauerngärten besiedelten und auch heute noch in naturnahen Gartenanlagen zu finden sind. Dass die Blindschleiche keine Schlange ist, erkennt man an ihrer langsamen, fast unbeholfenen Fortbewegungsweise. In Anpassung daran stellt sie auch nur langsamen Futtertieren nach: neben Würmern sind es vor allem die bei Gärtnern wenig beliebten Nacktschnecken. Eine aufgefundene Schnecke wird von der Blindschleiche, die im Gegensatz zu unseren einheimischen Eidechsenarten über ein schlechtes Sehvermögen verfügt, ausgiebig beobachtet, schließlich mit ihren kleinen, nach hinten gerichteten Zähnen ergriffen und langsam verzehrt. Blindschleichen suchen ihre Unterschlüpfe gern in gut durchlüfteten Kompostmieten, die ihnen mitunter auch als Winterquartiere dienen. Um die Tiere nicht zu stören, werden Kompostmieten im Herbst nicht abgebaut und auch im nächsten Frühjahr erst, nachdem die Blindschleichen ihre Überwinterungsstätte verlassen haben (siehe auch Seite 122).

Ein eidechsenfreundlicher Garten bietet auch unzähligen anderen Tieren und Pflanzen einen Lebensraum und sie zu betrachten, ist eine Wohltat für unsere menschlichen Sinne. Ausgewählte Gestaltungsvorschläge und Bauanleitungen sollen dabei helfen, dass unser Garten, im Einklang mit der Natur bepflanzt, zu einer grünen Oase und einem geschätzten Refugium, nicht nur für Eidechsen, wird.

Eidechsen im Siedlungsbereich – Gefahrenquellen

▷ **Ungesicherte Lichtschächte**

Ungesicherte Lichtschächte vor Kellerfenstern sind Todesfallen für Igel, Spitzmäuse, Erdkröten, Feuersalamander, Eidechsen oder Laufkäfer nach einem Absturz, denn sie finden nicht wieder nach draußen. Man beseitigt diese Gefahrenquelle, indem man zum Beispiel einen entsprechend großen Holzrahmen mit Fliegengitter bespannt und über der Öffnung befestigt.

▷ **Straßenverkehr**

Vor allem die relativ langsamen Blindschleichen werden oft auf Straßen überfahren. Auch bei einer Radtour auf einem asphaltierten Weg zwischen Wäldern oder Wiesen sieht man mitunter eine Blindschleiche, die sich auf dem von der Sonne aufgeheizten Asphalt erwärmt. Damit die Blindschleiche nicht vom nächsten Radfahrer überfahren wird, sollte man sie aber nicht mit den Händen ergreifen (weil sie sonst eventuell in Panik gerät und Teile ihres Schwanzes abwirft), sondern mit einem Stöckchen langsam auf den sicheren Wegrand dirigieren.

▷ **Frei laufende Hauskatzen**

Wenn man selbst Katzen hat, die sich täglich auf dem Grundstück aufhalten, oder in einer Umgebung mit vielen jagdfreudigen Katzen lebt, sollte man besser darauf verzichten, Eidechsen durch spezielle Fördermaßnahmen in den Garten zu locken. Obwohl Katzen heutzutage in der Regel gut gefüttert werden und es nicht nötig haben, Eidechsen oder Vögel zu erbeuten, steckt doch der angeborene Jagdtrieb in jeder Katze, auch wenn sie noch so friedlich wirkt.

Es kommt natürlich vor, dass in einem Garten, in dem sich Eidechsen angesiedelt haben, plötzlich fremde Katzen auftauchen und dann, sobald sie die Eidechsen entdeckt haben, diesen hartnäckig nachstellen. In ihrem Jagd- und Spieltrieb können sich Katzen stundenlang unter einer Hecke verbergen, und geduldig auf den Moment lauern, in dem sie eines der flinken Reptilien oder auch nur dessen zappelnden Schwanz erwischen.

Wie kann man fremde Katzen, die im Garten Eidechsen nachstellen, vertreiben?

- Durch Lautäußerungen, bei denen sich die Katze erschrickt.
- Indem man einen Ball nach ihr wirft, der dicht neben ihr aufprallt, oder einen Gartenschlauch zur Hand nimmt und sie mit Wasser bespritzt.

Weitere Möglichkeiten, um Katzen von Eidechsen fernzuhalten:

- Man schützt die Plätze, wo sich Eidechsen sonnen oder ihre Eier ablegen, durch das Anpflanzen von Dornsträuchern wie Weißdorn und Rotdorn, Hagebutte oder Brombeere.
- Oder man sichert die Stellen, wo sich Eidechsen bevorzugt aufhalten, mit Schutzgittern oder Maschendraht. Die Maschen im Schutzzaun dürfen aber nicht so eng sein, dass die Eidechsen nicht hindurchschlüpfen können, weil ein Garten schließlich kein Terrarium ist.

▷ Weitere Gefahrenquellen im Garten

Gartenteiche werden oft so angelegt, dass Steilufer entstehen, an denen ins Wasser gefallene Tiere keinen Ausweg finden und ertrinken. Hier kann ein ungehobeltes Brett mit Querleisten, das am Teichboden mit einem Stein beschwert wird und dann schräg ans Ufer führt, für hereingefallene Tiere zur Rettungsleiter werden. Den gleichen Zweck erfüllen Steine, die man vom Teichgrund her treppenförmig zum Ufer aufschichtet. Ihr Körperbau befähigt Eidechsen (wie die meisten Tiere) zwar zum Schwimmen. Sie sind aber von Natur aus wasserscheu und nur die Waldeidechse wird hin und wieder (wohl auch nur in Not) beim Schwimmen beobachtet.

Gefahren drohen Eidechsen, Blindschleichen, Erdkröten und anderen Tieren auch von *Rasenmähern, Motorsensen und Freischneidern.* Bevor man sich mit solchen Geräten an die Arbeit macht, sollte man zunächst nachschauen, ob sich im Gras oder unter der Hecke keine Tiere verbergen, die dann zerstückelt werden. Wenn sich Eidechsen im Garten aufhalten, sollte man die Wiese in Zeiten mähen, wo man halbwegs sicher sein kann, dass sich die Tiere in ihren Verstecken befinden, also an kühlen Tagen oder in den frühen Morgenstunden.

Wildstrauchhecken

Gewöhnlicher Schneeball – attraktiver Strauch für Hecken und als Einzelgehölz

Wildstrauchhecken aus einheimischen Gehölzen gehören zu einem Garten mit Naturcharakter. Mit ihrem Gewirr aus Ästen und Blättern bieten Wildsträucher ineinander verschachtelte Lebensräume und Nahrungsquellen für Vögel, Kleinsäuger, Spinnen und Insekten. In einer Gruppe aus verschiedenartigen Wildsträuchern blüht während der gesamten Vegetationsperiode immer etwas, das Hummeln, andere Bienen oder Schmetterlinge anlockt. Vögel finden dort Brutplätze, Sitzwarten und schmackhafte Früchte. Die Sträucher bieten Blätter für hungrige Raupen und saftige Stängel für Blattläuse. Gleichzeitig interessieren sich Igel, Spitzmäuse, Raubwanzen, Spinnen, Florfliegen oder Marienkäfer für die Saftsauger und Blattfresser als Nahrungstiere und halten diese in Schach.

Zum Anpflanzen der Wildsträucher eignen sich gut die Wintermonate November bis März, nicht jedoch bei gefrorenem Boden. Das Charakteristische an einer Wildstrauchhecke ist ihre bunte Mischung aus Büschen oder Bäumen, wobei jede Art einen anderen Wuchs und eigene Ansprüche hat. Deshalb brauchen Gehölze, die sich mit den Jahren stark ausbreiten werden, einen entsprechend großen Abstand zu den Nachbarpflanzen.

Wildstrauchhecken können Sie einreihig, zweireihig oder bei entsprechendem Platz gar dreireihig pflanzen. Bei einer mehrreihigen Hecke sollten die Sträucher versetzt und möglichst nicht auf einer Linie stehen, und in der Regel pflanzt man die hochwachsenden Arten nach hinten und die niedrigeren nach vorn.

Bei einer Wildstrauchhecke ist alle paar Jahre ein Rückschnitt fällig – am besten nimmt man diesen abschnittsweise vor. Die beste Zeit dafür ist der Herbst. Im kommenden Frühjahr treiben die Sträucher wieder aus.

Sträucher und Bäume für naturnahe Wildstrauchhecken

Deutscher Name Botanischer Name	Standort	Blütezeit Blütenfarbe	Wuchshöhe
Berberitze *Berberis vulgaris*	sonnig, trocken	Mai – Juni goldgelb	1 – 3 m
Echte Brombeere *Rubus* sectio *Rubus*	keine besonderen Ansprüche	Juni – Aug. weißrosa	1 – 3 m
Faulbaum *Frangula alnus*	sonnig bis halbschattig, feucht	Mai – Juni grünlich weiß	1 – 4 m
Gemeiner Liguster *Ligustrum vulgare*	keine besonderen Ansprüche	Mai – Juni weiß	1 – 3 m
Gewöhnliche Felsenbirne *Amelanchier ovalis*	sonnig, trocken	April – Mai weiß	1 – 3 m
Gewöhnliche Hasel *Corylus avellana*	sonnig bis halbschattig, mäßig trocken	Feb. – April gelb	2 – 6 m
Hunds-Rose *Rosa canina*	sonnig, trocken	Juni – Juli hellrosa	1,5 – 4 m
Ohr-Weide *Salix aurita*	halbschattig, feucht	April – Mai gelbgrün	0,5 – 1,5 m
Purpur-Weide *Salix purpurea*	halbschattig, feucht	März – April gelbgrün	1 – 3 m
Rote Johannisbeere *Ribes rubrum*	sonnig, mäßig trocken	April – Mai gelbweiß	0,5 – 1 m
Schlehe *Prunus spinosa*	sonnig, trocken	April – Mai weiß	1 – 3 m
Stechpalme *Ilex aquifolium*	halbschattig, feucht	Mai – Juni gelbweiß	1 – 10 m
Wild-Apfel *Malus sylvestris*	halbschattig, feucht	Mai – Juni weißrosa	3 – 10 m
Zweigriffeliger Weißdorn *Crataegus laevigata*	keine besonderen Ansprüche	Mai – Juni weiß	2 – 5 m

Naturnahe Gartenteiche

Mit den Pflanzen in ihrer Vielfalt an Formen und Farben werden unzählige Insekten und andere Kleintiere an den Gartenteich gelockt und so finden auch Eidechsen dort einen reich gedeckten Tisch. Auch in Zeiten der Häutung halten sich Eidechsen an feuchten Orten auf, um ihre obere Hautschicht abzustreifen.

Beim Beobachten der Naturabläufe im Gartenteich stellen sich Ruhe und Zufriedenheit ein. Die Tiere müssen jedoch von selbst kommen. Zwangsansiedelungen sind verboten und widersprechen unserem Anliegen, der bedrohten Tierwelt helfen zu wollen.

Bevor man einen Gartenteich anlegt, braucht es einige wichtige Vorüberlegungen.

- Man sollte einen Platz wählen, der mindestens fünf Stunden täglich von der Sonne beschienen wird, aber möglichst nicht in den heißen Mittagsstunden.
- Zu viel Schatten bringt viele Pflanzen der Teichgesellschaft nicht zum Blühen. Zu viel Sonne erhöht die Wassertemperatur auf unnatürliche Werte. Das Sauerstoffaufkommen wird dann reduziert und der Algenwuchs gefördert.

- Hohe Bäume in unmittelbarer Nähe des Teiches halten den Regen ab. Starker Laubeinfall im Herbst belastet den Teich mit zu viel organischem Material und erschwert vielen Teichbewohnern das Leben. Durch Baumwurzeln kann es beim Ausschachten der Teichgrube Probleme geben. Der Wurzelbereich vieler Bäume, zum Beispiel von Birken, kann in einem weiten Umkreis verlaufen.
- Beim Ausheben der Teichgrube sollte darauf geachtet werden, dass eine Tiefenzone von mindestens einem Meter Tiefe entsteht, gleichzeitig aber Steilufer vermieden werden, um eine spätere Bepflanzung zu ermöglichen. Eine buchtenreiche Teichrandgestaltung mit Flachwasser- und Sumpfzonen und einer entsprechenden Ufervegetation gehören zum Charakterbild eines naturnah angelegten Teiches. An solchen Stellen finden viele Teichbewohner geeignete Verstecke oder Möglichkeiten zur Eiablage. Zudem können ins Wasser gefallene Tiere dort leicht den Ausstieg finden.
- Die verwendete Folie muss lichtbeständig sein, also den UV-Strahlen der Sonne dauerhaft standhalten. Sie darf vom Druck nachwachsender Wurzeln nicht durchlöchert werden, muss verrottungsfest und kältebeständig bis mindestens minus 30 Grad sein.

Für die Teichrandgestaltung bieten sich Materialien wie Natursteinplatten, Bruchsteine, Findlinge, Kiesel oder unbehandelte Rund- und Kanthölzer an. Humuserde, die meist im Garten zur Verfügung steht, ist als Teichgrund ungeeignet. Als Pflanzgrundlage im Gartenteich sollte ein mageres Gemisch aus etwa drei Viertel Lehmerde und einem Viertel Sand verwendet werden.

Probleme im Gartenteich, wie ein unnatürlich hohes Algenaufkommen, hängen oft mit einer falschen Grundbepflanzung zusammen. Schwimmblattpflanzen, wie Gewöhnlicher Froschbiss oder Schwimmendes Laichkraut, reduzieren den Lichteinfall aufs Wasser und wirken dem Algenwuchs entgegen. Große biologische Reinigungskraft haben auch die untergetaucht lebenden Wasserpflanzen, die sogenannten aquatischen Arten. Sie sind nicht nur Sauerstofflieferanten, sondern auch biologische Filter, weil sich an ihren Blättern Schwebstoffe sammeln und festgehalten werden.

Amphibien im Garten

Die Ansprüche von Amphibien an ihre Umgebung unterscheiden sich stark von denen der Eidechsen oder anderer Reptilien. Trotzdem können einige Arten aus beiden Tierklassen in einem Garten leben, wenn die Bedingungen günstig sind. Voraussetzung ist, dass der Garten in einer Umgebung liegt, in der diese Tiere vorkommen, sodass der »Umzug« eine gute Alternative für sie ist.

In einem naturnahen Garten kann man die **Erdkröte** *(Bufo bufo)* relativ häufig antreffen. Außerhalb der Laichzeit verkriecht sie sich tagsüber unter Trockenmauern, Steinplatten oder Laubhaufen. Sie ernährt sich von Schnecken, Würmern, Spinnen oder Insekten. Den Winter über verbirgt sie sich in verlassenen Erdgängen von Nagern, in alten Kellern, Schuppen oder Gewächshäusern. Auch der **Grasfrosch** *(Rana temporaria)* ist ein häufiger Gast im Naturgarten. Am Tag sucht er oft feuchte Verstecke unter Hecken, Steinmauern, Wurzeln oder Reisighaufen und zu seinen bevorzugten Nahrungstieren zählen Insekten, Spinnen oder Schnecken. Die Überwinterung erfolgt meist am Grund von Gewässern, seltener an Land: in Erdlöchern, Gartenlauben oder unter Totholzhaufen. **»Grünfrösche«** (Kleiner Wasserfrosch, *Rana lessonae,* und Teichfrosch, *Rana* kl. *esculenta)* verlassen das Gewässer nur zeitweilig und ernähren sich von allem verschlingbaren Lebendfutter. Sie überwintern im Gewässer oder auch an Land an feuchten, frostsicheren Plätzen unter Mauern, Laubhaufen und Reisighaufen oder in Erdhöhlen. Der allseits beliebte **Laubfrosch** *(Hyla arborea)* ist dagegen sehr an angestammte Lebensräume gebunden. Mit einer Zuwanderung in einen naturnah angelegten Garten darf man nur selten rechnen. Auch der **Feuersalamander** *(Salamandra salamandra)* gehört eher zu den seltenen Gästen im Naturgarten. Eine weitere Schwanzlurchart, der **Teichmolch** *(Triturus vulgaris),* fühlt sich dagegen auch in kleineren Gartengewässern recht wohl. Wie die »Grünfrösche« ernähren sich Teichmolche von verschlingbarem Lebendfutter aller Art. Ihre Tagesverstecke liegen unter Moospolstern, Stein-, Laub- oder Holzhaufen. Den Winter verbringen sie in Erdhöhlen, unter Wurzeln oder Mauern, oft in Gemeinschaft mit anderen.

Unterwasserpflanzen für naturnahe Gartenteiche

Deutscher Name Botanischer Name	Standort Wassertiefe	Blütezeit Blütenfarbe	Besonderes
Flutendes Teichlebermoos *Riccia fluitans*	sonnig bis halbschattig 0 – 40 cm	besitzt weder Blätter, Blüten noch Wurzeln	wächst sowohl im freien Wasser als auch am immernassen Teichrand
Gewöhnlicher Wasser-Hahnenfuß *Ranunculus aquatilis*	sonnig bis halbschattig 2 – 200 cm	Juni – Aug. weiß	wuchsfreudige Art, bildet dichte Bestände
Gewöhnlicher Wasserschlauch *Utricularia vulgaris*	sonnig bis halbschattig 30 – 50 cm	Juli – Aug. gelb	hat Fangbläschen zum Fangen kleiner Wassertiere
Gewöhnliches Quellmoos *Fontinalis antipyretica*	sonnig 30 – 50 cm	keine Blüten	wintergrüne Art, Wurzelbildung
Kanadische Wasserpest *Elodea canadensis*	sonnig bis halbschattig 20 – 80 cm	Juli – Aug. weiß, unscheinbar	wuchsfreudige Art
Krauses Laichkraut *Potamogeton crispus*	sonnig 30 – 100 cm	Juli – Aug. Blütenähre	
Krebsschere *Stratiotes aloides*	sonnig bis halbschattig 30 – 80 cm	Mai – Juli weiß	frei im Wasser schwebend, manchmal locker im Boden verwurzelt
Raues Hornblatt *Ceratophyllum demersum*	sonnig 30 – 400 cm	Juni – Juli unscheinbar	wuchsfreudige Art
See-Brachsenkraut *Isoetes lacustris*	sonnig bis halbschattig 30 – 50 cm	Juli – Aug. unscheinbar	
Sumpf-Wasserstern *Callitriche palustris*	sonnig bis halbschattig 0 – 40 cm	Mai – Sept. weiß	wuchsfreudige Art
Wasser-Dickblatt *Crassula aquatica*	sonnig 0 – 30 cm	Juli – Aug. weiß, unscheinbar	gedeiht sowohl im Flachwasser als auch am immernassen Teichufer
Wasserfeder *Hottonia palustris*	sonnig 10 – 50 cm	Mai – Juni weiß bis blassrosa	
Zwerg-Laichkraut *Potamogeton pusillus*	sonnig 20 – 40 cm	Juli – Aug. unscheinbar	

Pflanzen für den Sumpfbereich und Uferbereich

Deutscher Name Botanischer Name	Standort Wassertiefe	Blütezeit Blütenfarbe	Besonderes
Ästiger Igelkolben *Sparganium erectum*	sonnig bis halbschattig 0 – 20 cm	Juni – Aug. weiß, grün	neigt zum Wuchern
Bachbunge *Veronica beccabunga*	sonnig bis halbschattig 0 – 5 cm	Juni – Aug. blau	Bodendecker, kann unschöne Teichränder überwachsen
Blutwurz *Potentilla erecta*	sonnig 0 cm	Juni – Juli gelb	
Echtes Mädesüß *Filipendula ulmaria*	sonnig bis halbschattig 0 – 30 cm	Juni – Aug. weiß	Hochstaude bis 1,5 m
Gewöhnlicher Blutweiderich *Lythrum salicaria*	sonnig bis halbschattig 0 – 20 cm	Juni – Aug. purpurrot	Hochstaude bis 1,5 m
Gewöhnlicher Froschlöffel *Alisma plantago-aquatica*	sonnig 0 – 40 cm	Mai – Aug. weiß	
Gewöhnlicher Wassernabel *Hydrocotyle vulgaris*	sonnig 0 – 10 cm	Juni – Aug. weiß, rosa	
Kuckucks-Lichtnelke *Lychnis flos-cuculi*	sonnig bis halbschattig 0 cm	März – Mai rosa	auch für etwas trockenere Standorte gut geeignet
Pfennigkraut *Lysimachia nummularia*	sonnig bis halbschattig 0 – 5 cm	Mai – Juli gelb	Bodendecker, kann unschöne Teichränder überwachsen
Schmalblättriges Wollgras *Eriophorum angustifolium*	sonnig 0 – 10 cm	April – Juli weiß	Naturstandort: Moor
Sumpfblutauge *Potentilla palustris*	sonnig 0 – 20 cm	Juni – Aug. rot	Naturstandort: Moor
Sumpf-Dotterblume *Caltha palustris*	sonnig bis halbschattig 0 – 10 cm	April – Mai gelb	
Sumpf-Storchschnabel *Geranium palustre*	halbschattig 0 – 2 cm	Mai – Aug. rotviolett	
Sumpf-Vergissmeinnicht *Myosotis palustris*	sonnig bis halbschattig 0 – 5 cm	Juni – Sept. blau	

Pflanzen für den Sumpfbereich und Uferbereich

Deutscher Name Botanischer Name	Standort Wassertiefe	Blütezeit Blütenfarbe	Besonderes
Wasserdost *Eupatorium cannabinum*	sonnig bis halbschattig 0 cm	Juli – Sept. rot	Hochstaude bis 1,5 m
Wasser-Schwertlilie *Iris pseudacorus*	sonnig bis halbschattig 0 – 20 cm	Mai – Juni gelb	
Wechselblättriges Milzkraut *Chrysosplenium alternifolium*	sonnig bis halbschattig 0 – 20 cm	März – Mai gelb	
Wiesen-Knöterich *Bistorta officinalis*	sonnig bis halbschattig 0 – 10 cm	Mai – Juli rosa	
Wiesen-Schaumkraut *Cardamine pratensis*	sonnig bis halbschattig 0 cm	April – Juni weißrosa	auch auf Fett- und Feuchtwiesen
Wiesen-Schwertlilie *Iris sibirica*	sonnig 0 – 2 cm	Mai – Juni blauviolett	

Unterschiedliche Tiefenbereiche bieten Lebensräume für attraktive Pflanzen. Mit ihnen stellt sich eine vielfältige, neue Tierwelt im Garten ein.

Blumenwiesen

Blumenwiesen laden zum Träumen ein. Sie überwältigen uns mit ihrer Farbenpracht, und zwischen den Blüten und Gräsern wimmelt es von Schmetterlingen, Hummeln, Bienen, Heuschrecken, Spinnen und Käfern. Blumenwiesen sind duftend und lebendig und mancher Zierrasen im Garten, der gedüngt, gewässert, regelmäßig gemäht und mit dem Kantentrimmer in Form gehalten wird, nimmt sich dagegen wie ein grüner Gebrauchsteppich aus.

Leider ist es nicht möglich, einen Zierrasen im Garten mit dem Ausstreuen von Wildblumensamen in eine Blumenwiese zu verwandeln. Im Allgemeinen ist die Erde im Garten viel zu humusreich für diejenigen Pflanzen, die wir in einer Blumenwiese bewundern. Das vielfach in Gärten vorhandene Erdreich neigt zur Verdichtung, denn zwischen den einzelnen Bodenteilchen liegen nur winzige Zwischenräume, in denen sich Regenwasser lange hält. Die meisten Wiesenblumen benötigen dagegen durchlässige, sandige Böden, aus denen das Wasser schnell abfließen kann. Die Tabelle auf den Seiten 72 und 73 stellt Wildpflanzen für Trockenwiesen und Fettwiesen vor.

Eine blütenreiche Wiese entsteht auf magerem Boden. Sie ist eine Zierde im Garten und zieht Nektar und Pollen sammelnde Insekten magisch an.

Farbenfrohe Kompromisse

Wenn der Garten zu klein für eine Blumenwiese ist, kann man Wildblumen stattdessen an vielen anderen Sonnenplätzen pflanzen oder säen: vor Trockenmauern, in Beeten, an Wegen oder Treppen.

Eine grüne Rasenfläche, die als Spielwiese für Kinder dienen soll, kann im zeitigen Frühjahr dennoch üppig blühen. Unter Bäumen, vor Sträuchern und Hecken oder an Stellen, wo die Wiese vielleicht ohnehin lädiert ist, werden im Herbst die Zwiebeln und Knollen verschiedener Krokus-Arten, von Schneeglöckchen, Schneeglanz, Blausternchen, Wildtulpen oder kleinwüchsigen Narzissen-Arten im Boden vergraben. Diese Frühjahrsblüher erfreuen uns durch wochenlangen Blütenzauber und sind begehrte Nahrungsquellen für Hummeln, Bienen oder Schmetterlinge, die ihre Winterquartiere gerade verlassen haben. Die Frühlingsboten breiten sich im Laufe der Jahre immer weiter aus und bilden schließlich bunte Teppiche. Sind sie verwelkt, kann die Wiese gemäht werden und die Kinder können den ganzen Sommer über darauf spielen.

Um mehr Blüten- und Tiervielfalt in den Garten zu bringen, kann man einen Schurrasen jedoch nach und nach in eine Blumenwiese verwandeln, indem man ihn nur noch ein- bis dreimal im Jahr mäht, den Wiesenschnitt von der Fläche entfernt und auf das Düngen ganz verzichtet. Auf einer solchen Rasenfläche wachsen dann wahrscheinlich rasch die Standardblumen der Fettwiesen wie Gänseblümchen, Weißklee oder Löwenzahn, denen wir sonst beim Mähen die Köpfe abgeschnitten haben. Mit der Zeit stellen sich bei dieser Vorgehensweise andere Arten ein – auch solche der Magerwiesen –, es dauert allerdings einige Zeit. Hier kann man etwas nachhelfen.

Um das Pflanzenspektrum schrittweise zu erweitern, braucht der Rasen zunächst eine Abmagerungskur. An den für die Aussaat oder Pflanzung vorgesehenen Stellen wird der alte Grünrasen deshalb mit einem Spaten bis unter den Wurzelbereich der Gräser abgetragen. Die

Wildpflanzen für Trockenwiesen und Fettwiesen

Deutscher Name Botanischer Name	Standort	Blütezeit Blütenfarbe	Wuchshöhe
Blutwurz *Potentilla erecta*	Trockenwiese	Juni – Juli gelb	5 – 30 cm
Echtes Johanniskraut *Hypericum perforatum*	Trockenwiese	Juni – Aug. gelb	30 – 60 cm
Gamander-Ehrenpreis *Veronica chamaedrys*	Fettwiese	Mai – Juli blau	10 – 30 cm
Gewöhnliche Kugelblume *Globularia bisnagarica*	Trockenwiese	Mai – Juni violett	5 – 30 cm
Gewöhnliche Möhre *Daucus carota*	Trockenwiese	Juni – Sept. weiß	30 – 100 cm
Gewöhnlicher Hornklee *Lotus corniculatus*	Trockenwiese	Mai – Aug. gelb	5 – 30 cm
Gewöhnlicher Löwenzahn *Taraxacum* sectio *Ruderalia*	Fettwiese	April – Sept. gelb	5 – 30 cm
Gewöhnlicher Natternkopf *Echium vulgare*	Trockenwiese	Mai – Aug. blau	40 – 80 cm
Gewöhnliche Schafgarbe *Achillea millefolium*	Trockenwiese	Juni – Okt. weiß, rosa	15 – 60 cm
Gewöhnliche Wegwarte *Cichorium intybus*	Trockenwiese	Juni – Okt. blau	30 – 110 cm
Hopfenklee *Medicago lupulina*	Trockenwiese	Mai – Okt. gelb	10 – 40 cm
Huflattich *Tussilago farfara*	Trockenwiese	Feb. – April gelb	5 – 20 cm
Kleiner Klappertopf *Rhinanthus minor*	Trockenwiese	Mai – Aug. gelb	10 – 40 cm
Kleines Habichtskraut *Hieracium pilosella*	Trockenwiese	Mai – Sept. gelb	10 – 30 cm
Kriechender Günsel *Ajuga reptans*	Fettwiese	Mai – Aug. blauviolett	10 – 30 cm
Kugelige Teufelskralle *Phyteuma orbiculare*	Trockenwiese	Mai – Juli blau	10 – 30 cm
Luzerne *Medicago sativa agg.*	Trockenwiese	Juni – Sept. violett	30 – 80 cm
Rainfarn *Tanacetum vulgare*	Trockenwiese	Juli – Sept. gelb	50 – 120 cm

Wildpflanzen für Trockenwiesen und Fettwiesen

Deutscher Name Botanischer Name	Standort	Blütezeit Blütenfarbe	Wuchshöhe
Rot-Klee *Trifolium pratense*	Fettwiese	Mai – Sept. rotviolett	20 – 40 cm
Rundblättrige Glockenblume *Campanula rotundifolia*	Trockenwiese	Juni – Okt. blau	15 – 40 cm
Scharfer Hahnenfuß *Ranunculus acris*	Fettwiese	Mai – Okt. gelb	10 – 100 cm
Steppen-Salbei *Salvia nemorosa*	Trockenwiese	Juni – Aug. violett	20 – 70 cm
Tauben-Skabiose *Scabiosa columbaria*	Trockenwiese	Juli – Okt. lila	20 – 60 cm
Vogel-Wicke *Vicia cracca*	Fettwiese	Juni – Aug. violett	20 – 150 cm
Weinbergs-Traubenhyazinthe *Muscari neglectum*	Trockenwiese	April – Juni blau	10 – 20 cm
Weiß-Klee *Trifolium repens*	Fettwiese	Mai – Okt. weiß	5 – 30 cm
Wiesen-Bärenklau *Heracleum sphondylium*	Trockenwiese	Juni – Sept. weiß	70 – 150 cm
Wiesen-Flockenblume *Centaurea jacea*	Trockenwiese, Fettwiese	Juni – Okt. violett	20 – 80 cm
Wiesen-Glockenblume *Campanula patula*	Trockenwiese, Fettwiese	Mai – Juli blau	20 – 50 cm
Wiesen-Kerbel *Anthriscus sylvestris*	Fettwiese	April – Juni weiß	40 – 150 cm
Wiesen-Margerite *Leucanthemum vulgare agg.*	Trockenwiese, Fettwiese	Mai – Sept. gelbweiß	30 – 100 cm
Wiesen-Platterbse *Lathyrus pratensis*	Trockenwiese, Fettwiese	Juni – Aug. gelb	30 – 100 cm
Wiesen-Salbei *Salvia pratensis*	Trockenwiese, Fettwiese	Mai – Sept. blau	30 – 60 cm
Wiesen-Storchschnabel *Geranium pratense*	Fettwiese	Mai – Sept. blauviolett	30 – 80 cm
Wiesen-Witwenblume *Knautia arvensis agg.*	Trockenwiese	Juni – Aug. lila	30 – 80 cm
Zottiger Klappertopf *Rhinanthus alectorolophus*	Trockenwiese, Fettwiese	Mai – Sept. gelb	20 – 80 cm

entstandenen Löcher werden mit Sand aufgefüllt, den man gründlich mit etwas Erdreich vermischt. Die solchermaßen abgemagerten Flächen werden abschließend mit einem Rechen planiert. Dann kann man das Saatgut einstreuen oder die Jungpflanzen setzen. Die keimenden Samen und Jungpflanzen müssen zunächst ständig feucht gehalten werden, und die nebenan sprießenden Konkurrenzpflanzen werden so lange gejätet, bis die Wildblumen herangewachsen sind. Grundsätzlich braucht eine Wildblumenwiese sehr viel Sonne und leider ist sie auch kein Tummelplatz für spielende Kinder.

Küchenkräuter und Gewürzkräuter

Küchenkräuter, Gewürzkräuter und Heilkräuter wurden von Menschen in allen Kulturen und zu allen Zeiten genutzt, um Krankheiten zu lindern und den Geschmack von Speisen zu verfeinern. In vielen Fällen zunächst von Mönchen hinter Klostermauern gepflanzt, fanden die verschiedenen Kräuterpflanzen hierzulande später ihren Weg in die traditionellen Bauerngärten. Heute erleben sie eine Renaissance: Sie werden in großer Vielfalt in Gartenfachgeschäften oder von Versandgärtnereien angeboten und man hat die Möglichkeit, sie in Gartenbeeten, in einer Kräuterspirale oder im Blumenkasten anzubauen.

Kräuter lassen sich auch im Hochbeet ziehen. Ihre Blüten ziehen Insekten an und Eidechsen finden auf der erhöhten Etage des Beetes Sonnenplätze und Unterschlupf.

Fast alle Küchenkräuter und Gewürzkräuter sind beliebte Nahrungspflanzen für Bienen, Hummeln oder Schmetterlinge. Bei der Kräuterernte sollte deshalb immer nur ein Teil der im Frühjahr üppig treibenden Blätter und Blütenstände abgeschnitten werden, denn nur wenn die Pflanzen zum Blühen kommen, werden die hungrigen Nektar- und Pollensammler angelockt.

Kräuterspirale

Eine Kräuterspirale braucht einen sonnigen Platz im Garten und wird in Form eines Schneckenhauses ähnlich gestaltet wie eine Trockenmauer (siehe Seite 94). Im Prinzip ist die Kräuterspirale ein sich nach oben windendes Beet mit idealen Standortbedingungen für Pflanzen aus verschiedenen Klimazonen. Dabei begünstigen die Steine, die Sonnenwärme speichern und diese an die Pflanzen weitergeben, deren Wachstum. Ein kleiner Teich am Fuß der Anlage, der zu jeder klassischen Kräuterspirale gehört, beeinflusst das Wachstum der Pflanzen durch Wasserverdunstung und das Speichern und Reflektieren von Wärme zusätzlich positiv. Mit ihren Ritzen und Hohlräumen zwischen den Steinen ist die Kräuterspirale auch für viele Kleintiere interessant: für Käfer, Spinnen, Steinkriecher, Wildbienen oder Grabwespen bis hin zur Zauneidechse.

Der Aufbau einer Kräuterspirale beginnt wie bei einer Trockenmauer auf einer fest gestampften Dränageschicht aus Schotter, Grob-Kies oder zertrümmerten Ziegeln (siehe Seite 97). Auf diese vorbereitete Fläche (Durchmesser zum Beispiel 2,5 bis 3 Meter) wird der Grundriss der Spirale gezeichnet und mit Sand oder Getreidemehl markiert. In der Mitte der Anlage wird zunächst eine größere Menge möglichst kalkhaltiger Bauschutt abgekippt und nach oben hin zu einem Kegel geformt, bis der Hügel die geplante Höhe hat (möglichst 60 bis 70 Zentimeter oder mehr). Danach wird die spiralförmige Mauer von außen nach innen errichtet: ausgehend vom geplanten Teichstandort nach oben hin ansteigend und mit einer leichten Neigung nach innen. Dabei sollte man darauf achten, dass zwischen den Mauern ein Freiraum von etwa 60 Zentimeter Breite als Pflanzfläche bleibt. Während des Aufbaus wird die Spirale nach und nach mit weiterem Bauschutt aufgefüllt.

Küchenkräuter und Gewürzkräuter

Deutscher Name Botanischer Name	Standort	Blütezeit Blütenfarbe	Wuchshöhe
Berg-Bohnenkraut *Satureja montana*	sonnig, trocken	Juni – Aug. hellviolett	bis 30 cm
Borretsch *Borago officinalis*	sonnig, halbschattig, feucht	Mai – Sept. hellblau	60 – 100 cm
Echter Fenchel *Foeniculum vulgare*	sonnig, trocken	Juni – Sept. gelb	80 – 200 cm
Echter Lavendel *Lavandula angustifolia*	sonnig, trocken, durchlässiger Boden	Juni – Sept. blau	40 – 60 cm
Echter Salbei *Salvia officinalis*	sonnig, halbschattig, trocken, durchlässiger Boden	Juni – Aug. blau	40 – 80 cm
Echtes Bohnenkraut *Satureja hortensis*	sonnig, trocken	Juli – Okt. blassrosa	bis 30 cm
Gewöhnlicher Beinwell *Symphytum officinale*	sonnig, halbschattig, feucht, humos	Mai – Okt. hellgelb, weißlich, rosa bis lila	30 – 100 cm
Kümmel *Carum carvi*	sonnig, halbschattig, feucht	Mai – Juni weiß	bis 120 cm
Majoran *Origanum majorana*	sonnig, sandig bis humos	Juni – Okt. weiß	40 – 60 cm
Pimpinelle (Kleiner Wiesenknopf) *Sanguisorba minor*	sonnig, trocken, durchlässiger Boden	Juni – Sept. grünlich	30 – 60 cm
Schnittlauch *Allium schoenoprasum*	sonnig, halbschattig, feucht, sandiger Boden	Juli – Aug. lila	10 – 20 cm
Thymian *Thymus vulgaris*	sonnig, trocken, sandiger Boden	Mai – Sept. helllila	bis 30 cm
Ysop *Hyssopus officinalis*	sonnig, trocken, kalkhaltiger Sandboden	Juni – Aug. blau	40 – 60 cm
Zitronenmelisse *Melissa officinalis*	sonnig, humusreicher, durchlässiger Boden, gegebenenfalls Winterschutz nötig	Juni – Aug. weiß	60 – 100 cm

Die Kräuterspirale ist eine ökologische Bereicherung und zugleich ein attraktiver Blickfang im Garten. Sie bietet den unterschiedlichsten Pflanzen ideale Standortbedingungen. Eidechsen und andere Gartennützlinge finden dort einen geschützten Lebensraum.

Den Teich am Fuß der Mauer dichtet man am besten mit einer handelsüblichen dünnen Teichfolie ab, weil sich mit einer flexiblen Folie der flach auslaufende Uferbereich gut gestalten lässt. An flachen Ufern können ins Wasser gefallene Tiere einen Ausstieg finden und es entsteht die gewünschte Verbindung von Wasser und Erdreich. Im Gegensatz zum Gartenteich, bei dem die eingebaute Kapillarsperre verhindert, dass Teichwasser von außen her aufgesogen wird, ist die Kapillarwirkung beim Kräuterspiralenteich eher erwünscht. Wenn das Wasser im Teich zu sehr absinkt, muss man es von Zeit zu Zeit wieder auffüllen.

Vom Teich ausgehend, den man beliebig mit Wasserpflanzen oder Sumpfpflanzen besetzen kann, gestaltet man anschließend nach oben hin die typischen Zonen der Kräuterspirale:

- Im unteren Teil befindet sich die Feuchtzone. Sie liegt in einem sonnigen bis halbschattigen Bereich. Die Pflanzerde, die wir dort einfüllen, ist humusreich und wird durch die Verbindung zum Teichwasser ständig feucht gehalten.

- Die Normalzone liegt im mittleren Teil der Kräuterspirale. Auch dort sind die Lichtverhältnisse sonnig bis halbschattig. Die Pflanzerde, die wir einfüllen, ist ebenfalls humusreich, bleibt aber trockener, weil sie keine Verbindung zum Teichwasser hat.
- An der Spitze der Spirale befindet sich die Mittelmeerzone in einem überwiegend sonnigen und heißen Bereich und der Boden ist sandig, nährstoffarm und trocken.

Nisthilfen für fleißige Blütenbestäuber

Wenn von Blütenbestäubern die Rede ist, denken viele Menschen zuerst an die Honigbiene und ihre nützlichen Dienste als Bestäuberin und Honiglieferantin. Zum großen Teil handelt es sich bei den zahlreichen Insekten, die sich auf Blüten tummeln, aber um wild lebende Verwandte der Honigbiene, auf deren Dienste unser Ökosystem vielfältig angewiesen ist. Wildbienen kommen allein in Deutschland mit über 500 Arten vor, doch trotz ihrer Nützlichkeit als Blütenbestäuber, ihrer Artenvielfalt und ihrer interessanten Lebensweisen ist das Wissen um diese Tiere noch nicht sehr verbreitet. So ist vielfach nicht bekannt, dass es sich auch bei den beliebten und allseits bekannten Hummeln um Wildbienen handelt. Viele Wildbienen haben eine zweckhafte Bindung an bestimmte Blütenpflanzen entwickelt und ohne sie gäbe es manche Blume nicht und viele Bäume würden keine Früchte tragen.

Im Gegensatz zu einem Honigbienenvolk kennen die meisten Wildbienenarten keine soziale Bindung. Im Alleingang baut ein einzelnes befruchtetes Weibchen die Brutzellen für den Nachwuchs und trägt Pollen und Nektar ein, die später den Larven als Nahrung dienen. Dann legt das Weibchen Eier ab und überlässt deren Entwicklung dem Selbstlauf der Natur. Wildbienen suchen nach geeigneten Hohlräumen, in denen sie ihre Kinderstuben errichten können. Fast alle Wildbienenarten brauchen hierfür Niströhren, in denen sie ihre Brutzellen aneinanderreihen können. Sie wählen sonnige Plätze mit guter Belüftung, weil ihre Gelege oder die Pollenvorräte bei Dauerfeuchtigkeit verpilzen. Die einzelnen Wildbienenarten haben dabei unterschiedliche, genetisch festgelegte Ansprüche an ihre Brutstätten und diese

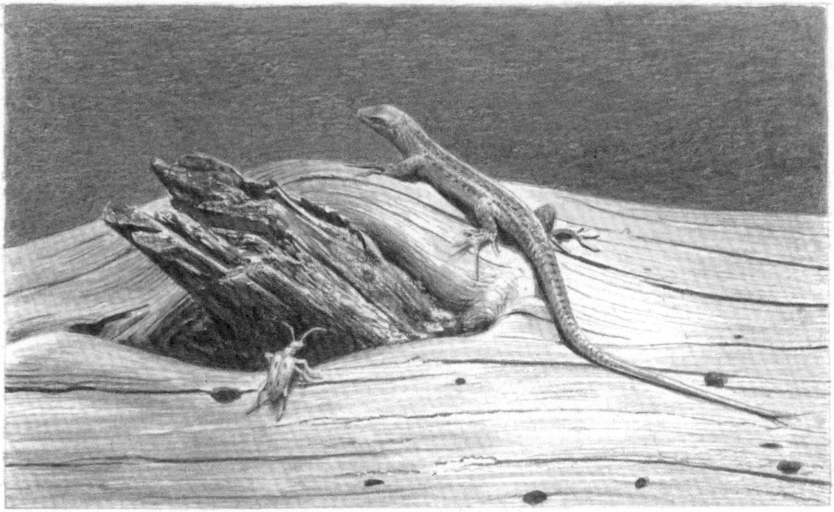

Verlassene Käferfraßgänge im Totholz bieten Nistmöglichkeiten für andere Insekten, die Eidechsen zur Nahrung dienen.

sind in unserer Kulturlandschaft heute oft Mangelware. In Form von selbst gebauten Nisthilfen kann man sie ihnen zur Verfügung stellen. Solche Nisthilfen zu planen, zu bauen und zu gestalten ist ein kreativer und bereichernder Prozess, sowohl für Erwachsene als auch für Kinder und Jugendliche. Die von uns gebauten Ersatzwohnungen werden von Wildbienen und anderen Insekten gerne angenommen und geben uns Einblicke in die faszinierende Lebensweise dieser Tiere. Sie im Garten anzusiedeln, ist im Grunde ziemlich einfach und sogar möglich, wenn man nur einen Balkon besitzt.

Nisthilfen aus Holz

Einige Arten legen ihre Eier in kleinen Gängen im Holz ab. Weil sie diese Niströhren nicht selbst bohren können, beziehen sie zum Beispiel die verlassenen Wohngänge bestimmter Käferarten. Solche Nistgelegenheiten kann man Wildbienen auf recht einfache Weise zur Verfügung stellen. Wir brauchen dazu getrocknete Abschnitte von dicken

Ästen oder Baumstämmen oder Holzklötze, die mindestens die Größe eines Ziegelsteines haben, eine Bohrmaschine und möglichst mehrere Holzbohrer mit unterschiedlichen Durchmessern von zwei bis zehn Millimetern. Geeignete Holzarten sind Eiche, Buche, Robinie oder Apfelbaum. Das Holz von Nadelbäumen eignet sich weniger, weil es ziemlich weich und grobfaserig ist und dadurch die Bohrlöcher bei feuchter Witterung schnell zuquellen.

In die Holzscheiben oder Holzklötze werden mit ganzer Bohrerlänge parallele Löcher gebohrt, und zwar so, dass zwischen den Löchern ein Abstand von etwa zwei Zentimeter bleibt und das Holz nicht reißt. Da wir Holzbohrer mit verschiedenen Durchmessern verwenden, können sich Maskenbienen, Mauerbienen, Blattschneiderbienen oder Löcherbienen das jeweils passende Loch als Wohnung aussuchen.

Die mit Löchern versehenen Hölzer kann man an einer sonnigen, regen- und windgeschützten Stelle unter einem Dachvorsprung auf der Terrasse oder dem Balkon, an Bäumen, Mauern, Gartenhäuschen oder Ähnlichem mit den Öffnungen in südöstlicher Richtung aufhängen. Oder man bringt sie in Kombination mit anderen Nisthilfen in einem Insektenhotel unter.

Gefüllt mit verschiedenen Materialien, wird das Insektenhotel zum Blickfang im Garten.

Hohle Pflanzenstängel

Einige Arten der Mauerbienen oder Blattschneiderbienen legen ihre Nester in hohlen Pflanzenstängeln an. Auch hier lässt sich das Angebot mit entsprechenden Nisthilfen erweitern.

Für diese sehr einfache Form einer Nisthilfe benötigen wir Bambusrohrabschnitte, Schilfstängel, Strohhalme oder Abschnitte von Sträuchern mit hohlen oder markhaltigen Zweigen, zum Beispiel von Holunder, Brombeere, Forsythie oder Pfeifenstrauch. Die gesammelten Pflanzenröhrchen werden zunächst von Blättern und Seitentrieben befreit und dann mit einer scharfen Gartenschere in Stücke von mindestens zehn Zentimeter Länge geschnitten. Beim Zurechtschneiden sollte man darauf achten, dass der Stängel am hinteren Ende einen Knoten aufweist, also verschlossen ist, während der gesamte vordere Teil für den Nestbau zugänglich ist. Die Abschnitte lässt man anschließend längere Zeit trocknen und prüft, ob die Hohlräume im Inneren durchgängig sind. Gegebenenfalls kann man mit einem Draht oder einer Stricknadel noch etwas im Stängel herumstochern und klopft dann die abgeschabten Reste heraus.

Einige Wildbienenarten wollen das weiche Mark in Pflanzenstängeln lieber selbst ausräumen und nutzen es zum Teil als Baumaterial. Deshalb gehören auch einige Pflanzenstängel mit markhaltigem Inhalt, zum Beispiel von Holunder, Brombeere oder Himbeere, in unsere Röhrchensammlung.

Gebündelte Pflanzenstängel kann man anschließend in einer an beiden Seiten offenen Konservendose, in einem Holzgehäuse oder in einem Insektenhotel in Kombination mit anderen Nisthilfen unterbringen. Längere markhaltige Stängel von Himbeere, Brombeere, Holunder oder Forsythie kann man auch einfach mit Draht oder Kordel bündeln und dann senkrecht oder in Schräglage unter einem Ast oder am Balkongeländer anbringen. Mögliche Bewohner dieser einfachen Nisthilfe sind zum Beispiel die Dreizahn-Mauerbiene oder die Schwarze Keulhornbiene.

Nisthilfen aus Stein

Lochziegel oder Lochsteine eignen sich gut als Nisthilfen für in Mauerritzen nistende Wildbienenarten wie die Gemeine Seidenbiene oder die Gehörnte Mauerbiene. Im Handel werden speziell als Nisthilfen für Wildbienen gefertigte Lochsteine mit einer Drahtaufhängung angeboten, die auf einer überdachten Terrasse oder einem Balkon untergebracht werden können.

Man kann eine solche Nisthilfe mit Lochziegeln oder Gitterziegeln, die für den Hausbau gedacht sind, auch selbst bauen. Neben Mauersteinen mit Löchern gibt es Dachhohlziegel, sogenannte Strangfalzziegel, die heute kaum noch Verwendung finden, sich aber ebenfalls gut für diesen Zweck eignen. Weil die Öffnungen in allen Lochziegeln in der Regel einen für Niströhren viel zu großen Durchmesser haben, schiebt man in die Löcher zehn bis 20 Zentimeter lange Bambusrohrabschnitte, die hinten durch einen Knoten verschlossen sind, siehe hierzu auch die Hinweise zu den hohlen Pflanzenstängeln auf Seite 81. Die Bambusröhrchen werden mit dickem Lehmbrei in den Löchern befestigt und sollten sich mit den Öffnungen leicht nach unten neigen, damit kein Regenwasser einfließen kann. Lochziegel und Gitterziegel kann man als Einzelelemente verwenden, übereinanderstapeln oder in Kombination mit anderen Nisthilfen in einem Insektenhotel unterbringen. Da sie aus sehr dauerhaftem Material bestehen, eignen sie sich auch gut für den Einbau in eine Trockenmauer oder Eidechsenburg (siehe Seite 94 und Seite 114).

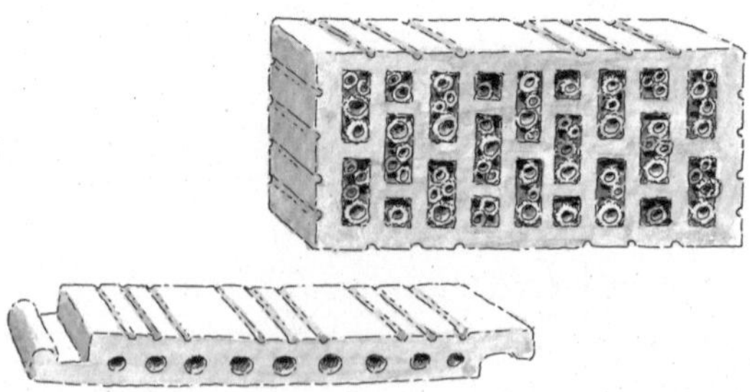

Lochziegel, mit hohlen Pflanzenröhrchen bestückt, können zu Niststätten für Wildbienen werden. Die Ziegel lassen sich auch in eine Eidechsenburg einbauen.

Lehm darf nicht fett sein und muss langsam trocknen

Lehm, den man in Pulverform im ökologischen Baustoffhandel oder bei einem Ofensetzer kaufen kann, ist meist »fett« und wird nach dem Trocknen so hart, dass Hautflügler ihre Nistgänge dort nicht graben können. Deshalb muss man ihn durch die Zugabe von Quarzsand entsprechend »abmagern«. Eine geeignete Mischung aus Lehm und Sand fühlt sich im feuchten Zustand nicht glitschig, sondern rau und krümelig an. Nach dem Trocknen lässt sie sich leicht mit einem stumpfen Gegenstand abschaben.

Nisthilfen auf Lehmbasis müssen langsam im Schatten trocknen, weil bei direkter Sonneneinstrahlung durch zu schnelle Wasserverdunstung Risse entstehen. Bei größeren Lehmbauprojekten (zum Beispiel eine Lehmwand, die man zum Trocknen nicht in den Schatten transportieren kann), lässt sich die Trocknung verlangsamen, indem man den Lehmbau mit feuchten Tüchern abdeckt. Der Trocknungsprozess bei Lehmbauten mit großer Schichtdicke kann mehrere Wochen dauern.

Nisthilfen aus Lehm

Einige Arten der Mauerbienen, Seidenbienen und Maskenbienen errichten ihre Nester im Löß der Wände von Lehmgruben oder Sandgruben. Dabei graben sie je nach Art ihre Nistgänge selbst oder beziehen bereits bestehende Hohlräume in der Wand. Diesen Tieren können wir mit Nisthilfen aus Lehm Ersatz bieten für verloren gegangenen Lebensraum.

Damit selbst grabende Wildbienen und andere Hautflügler ihre Nistgänge im trockenen Lehm anlegen können, sollte die Dicke der Lehmschicht einer Nisthilfe mindestens 15 Zentimeter betragen. Ansiedlungsmöglichkeiten für Wildbienen, die ihre Nistgänge selbst graben, ergeben sich zum Beispiel, wenn man im feuchten oder getrockneten Lehm Löcher von vier bis zehn Millimeter Durchmesser und etwa drei Zentimeter Tiefe bohrt. Diese kurzen Bohrgänge sollen Bienenweibchen, die eine geeignete Niststätte suchen, anlocken und zum weiteren Ausbau dieser Niströhren animieren. Da sich ihre selbst gegrabenen

Nistgänge weiter innen oft weit verzweigen, sollte der Abstand zwischen den Bohrlöchern acht bis zehn Zentimeter betragen.

Die einfachste Form einer Nisthilfe aus Lehm besteht aus einer Holzkiste, die vollständig mit feuchtem Lehm gefüllt wird. In die feuchte Lehmmasse bohrt man mehrere Löcher der beschriebenen Art.

Eine etwas aufwendigere, jedoch sehr schöne Nisthilfe mithilfe von Lehm kann eine Lehmflechtwand als Ersatz für altes Fachwerk sein. Auch sie bietet Nistmöglichkeiten und Lebensraum für Lehmbewohner. Mit den Naturmaterialien Lehm, Stroh und Holz wurden Bauwerke errichtet, die Jahrhunderte überdauerten. In den Fassaden solcher Gebäude fanden Wildbienen wie die Gewöhnliche Pelzbiene oder Lehmwespen ihre Niststätten. Der Abriss solcher Gebäude wird heute oft bedauert – schließlich haben auch moderne Baustoffe ihre Nachteile – trotzdem werden die historischen Baumaterialien Lehm und Stroh kaum noch verwendet.

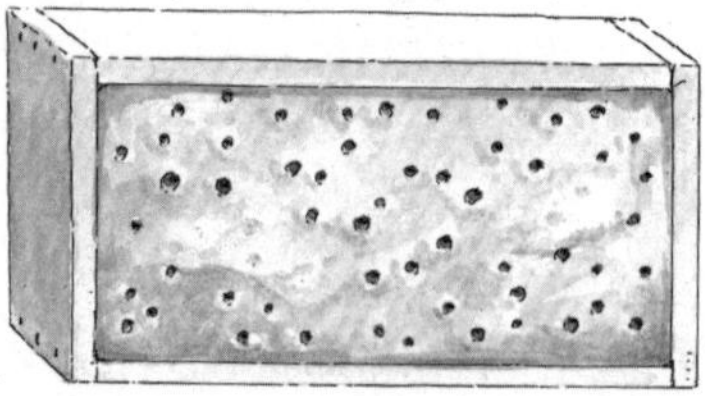

Eine Holzkiste mit Lehm kann Ersatzlebensraum für Wildbienenarten sein, die ihre Nester im Löß von Lehmgruben oder Sandgruben errichten.

Steingärten und Felsengärten

Der Wunsch nach einem Steingarten erwacht oft bei einer Wanderung durch die Mittelgebirgsregionen von Eifel oder Rhön, im Thüringer Wald, in den französischen Ardennen, im österreichischen Kleinwalsertal oder im Schweizer Tessin mit ihren Steinvorkommen in den verschiedensten Formen und Ausprägungen und einer Fülle prachtvoller Fels- und Gebirgspflanzen.

Imposante Schauanlagen in botanischen Gärten oder im Lausitzer Findlingspark, wo zwischen markanten Findlingen aus der Steinzeit und Schotterflächen sonnenhungrige Trockenpflanzen üppig hervorsprießen und eine Zauneidechse in einem Lesesteinhaufen verschwindet, werden diesen Wunsch weiter verstärken. Auch in Privatgärten finden wir viele schöne Steingartenanlagen, die uns inspirieren, vielfach aber auch solche, wo sehr viel Arbeit und Geld investiert wurde, die Anlage am Ende aber künstlich wirkt, weil man vielleicht die falsche Steinwahl getroffen hat oder das Ganze nicht in die heimische Landschaft oder zur gesamten Gartenanlage passt.

Öffentliche Schauanlagen, die von Besuchern bewundert werden, liegen meist auf großen Freigeländen und der Steingarten wird wirkungsvoll hervorgehoben. Auf dem eigenen Grundstück muss man dagegen erst einmal sehr genau hinschauen, ob der Platz, auf dem der Steingarten einmal entstehen soll, der richtige ist.

Der ideale Standort

Ein geeigneter Standort für einen Steingarten kann sich im Garten an verschiedenen Stellen finden: im Vorgarten, an der Hausfassade, am Gartenteich oder Hang, auf einem Flachdach, am Fuß der Trockenmauer, auf der Terrasse oder dem Balkon.

Der ideale Standort für einen Steingarten hat eine überwiegend sonnige Südostlage, wobei man zunächst einmal beobachten sollte, ob die Sonneneinstrahlung im Laufe des Tages durch Gebäude oder Bäume ungünstig beeinflusst wird. Reine Südlagen bringen viel Sonne in den Garten. Die Steine erhitzen sich dort im Hochsommer aber ausdauernd, die Anlage trocknet schnell aus und man muss die Pflanzen häufig gießen.

Planen und Bauen

Bei einer größeren Steingartenanlage ist die gründliche Planung besonders wichtig. Neben dem richtigen Platz für die Pflanzen geht es hier vor allem auch um optische Wirkung. Der Steingarten sollte sich harmonisch in die Gesamtanlage des Gartens einfügen und mit den anderen Gartenelementen verbinden. Ein natürlich wirkender Steingarten kennt kaum formale Anordnungen und Abgrenzungen. Alle Steinelemente, Schotterflächen oder Wege verbinden sich fließend in geschwungenen Linien.

Bevor man mit dem eigentlichen Bau beginnen kann, muss man für den geeigneten Untergrund sorgen, der in der Regel im Garten nicht vorhanden ist. Wie alle im Naturgarten angelegten Trockenstandorte, seien es Trockenmauern, Wege, Plätze oder Treppen, wird auch der Steingarten auf einem etwa 30 Zentimeter tiefen Fundament,

Ein Steingarten auch für Eidechsen
Wenn in der näheren Umgebung Eidechsen vorkommen, die den Steingarten vielleicht einmal besiedeln werden (oder sollen), wird die Anlage für diese Tiere noch attraktiver, wenn man Sonnenplätze oder Verstecke, in denen sich die Eidechsen jederzeit verkriechen können, freie Sandplätze zur Eiablage (siehe Seite 105), eine Eidechsenburg (siehe Seite 114) oder ein unterirdisches Überwinterungsquartier errichtet (siehe Seite 103).

Bevor man mit dem Bau beginnt, tauchen weitere Fragen auf, die der Überlegung und gegebenenfalls Berücksichtigung bei Planung und Bau bedürfen, zum Beispiel:

- Ist der Platz, an dem der Steingarten entstehen soll, so gewählt, dass Eidechsen dort nicht ständig durch vorbeifahrende Autos oder Kinder, die im Nachbargarten Fußball spielen, gestört werden?
- Wie werde ich später Pflegearbeiten mit Rücksicht auf die Eidechsen durchführen?
- Gibt es einen Platz, an dem ich die Eidechsen beobachten kann, ohne dass sie sich gestört fühlen?

bestehend aus Schotter, Kies oder Steinbruch, aufgebaut. Ein direkt auf dem Mutterboden angelegter Steingarten würde binnen kurzer Zeit von unerwünschten Pflanzenarten erobert, die das aufgeschüttete Steinmaterial durchstoßen und schließlich die ganze Anlage dominieren. Zudem hätten es die für Steingärten typischen Pflanzen schwer, sich dort anzusiedeln, denn der nährstoffreiche Mutterboden neigt zur Verdichtung, es bildet sich Staunässe, und unter solchen Bedingungen können Trockenpflanzen nicht gedeihen.

Man muss also den Gartenboden zunächst etwa 30 Zentimeter tief abtragen und die entstandene Grube dann mit wasserdurchlässigem Steinmaterial – Schotter, Grob-Kies, Splitt, zertrümmerte Dachziegel oder Ziegelsteine – wieder auffüllen. Darauf kommt abschließend eine flache Sandschicht und das Ganze wird mit einem Rüttler fest gestampft.

Der weitere Aufbau erfolgt mit dem Aufschütten von Sand, Kies, Schotter oder Geröll in einer Schichthöhe von etwa 20 Zentimetern auf der gesamten Anlage. In dieser Bauphase lassen sich in die aufgeschüttete Geröllschicht größere Steinplatten, Hartholzscheiben oder Steinstufen einbauen, sodass Wege oder Treppen entstehen, über die man alle Bereiche im Steingarten gut erreichen kann. Die weitere Gestaltung bleibt weitgehend unserer Fantasie überlassen und hängt natürlich von den Materialien ab, die uns zur Verfügung stehen. Durch das Aufschütten von weiterem Geröll kann man Hänge, Hügel oder Terrassen anlegen, bevor dann das Aufsetzen der größeren Steine beginnt. Dabei wird man besonders markante Findlinge oder Bruchsteine so platzieren, dass sie besonders gut zur Geltung kommen. Beim weiteren Verlegen der Steine sollte man immer wieder auch an die geplanten Pflanzen und deren Wachstum denken, denn manche Arten breiten sich später so stark aus, dass ein Stein, der in der kahlen Anlage schön hervortritt, später unter ihnen verschwinden kann.

Einsetzen der Pflanzen

Die Tabelle auf den Seiten 98 und 99 stellt Pflanzen für Trockenstandorte vor. Die besten Pflanzzeiten im Steingarten sind das Frühjahr und der Herbst. Man kann die Pflanzen aber auch den ganzen Sommer über einsetzen, doch möglichst nicht in den Mittagsstunden an besonders heißen Tagen.

Vor dem Einpflanzen stellt man die gekauften Pflanzen im Container am besten erst einmal an ihre zukünftigen Plätze und überprüft, ob es die richtigen für sie sind. Bevor man mit dem Einpflanzen beginnt, werden die Pflanzen ausreichend gewässert und dann vorsichtig aus ihren Containern geholt. Die Pflanzlöcher sollten in der Tiefe und Breite wenigstens doppelt so groß wie die Container sein, und man

Substrat für Steingartenpflanzen

Im Fachhandel gibt es fertige Substratmischungen für Steingartenpflanzen zu kaufen. Für die meisten Arten reicht auch ein selbst gemischtes Substrat aus 1/3 Kompost, 1/3 lehmhaltiger Erde und 1/3 Grob-Sand. Für Kalk liebende Pflanzen kann man ein Substrat aus 1/3 zerkleinertem Kalkstein oder Muschelkalk, 1/3 Humus und 1/3 Grob-Sand zurechtmischen.

kann sie entweder schon während der Bauphase oder auch erst kurz vor dem Einpflanzen anlegen, wenn man sicher ist, dass die Pflanze an die vorgesehene Stelle passt. In die Pflanzlöcher wird jeweils etwas Pflanzsubstrat gegeben. Beim Einpflanzen wird die Pflanze vorsichtig in das Substrat gebettet und festgedrückt. Danach wird sie nochmals tüchtig gewässert und abschließend bis zum Wurzelhals mit Geröll oder Schotter abgedeckt. Auch in der Folgezeit muss man die Pflanzen ausreichend gießen, bis sicher ist, dass sie angewachsen sind.

Die Wahl der Steine

Im Gemüsegarten sind Steine eher unerwünscht. Im Naturgarten mit seinen vielfältigen Gestaltungsmöglichkeiten ist jeder schöne Naturstein hingegen willkommen und es wird sich für ihn irgendwann eine Verwendung finden, sei es beim Anlegen eines Weges, eines Sitzplatzes oder einer Mauer. Vor allem im Steingarten sind Steine das wichtigste Bau- und Gestaltungsmaterial und treten, zumindest in der Bauphase, wenn die Anlage noch nicht bepflanzt ist, dominant hervor. Spätestens zu diesem Zeitpunkt wird man sich fragen, ob man die richtige Steinwahl getroffen hat, ob das gewählte Gestaltungskonzept stimmt und ob sich der Steingarten harmonisch in die anderen Gartenbereiche einfügen wird, die alle ihren eigenen Charakter haben. Weil die Pflanzen zu diesem Zeitpunkt noch fehlen, wird diese Einschätzung noch ungenau sein. Sie kann sogar völlig falsch sein, denn die Pflanzen haben eine ähnlich wichtige gestalterische Funktion wie die Steine. Doch selbst wenn im Vorfeld nicht alles bis ins Detail bedacht werden kann, ist es empfehlenswert, sich Zeit für die Wahl der Steine zu nehmen.

Für größere Bauprojekte wie eine Trockenmauer oder einen Steingarten, die man in Eigenregie anlegen will, muss man das benötigte Steinmaterial in der Regel extra beschaffen. Steine, die aus der Region kommen, wirken im Steingarten am überzeugendsten und sind auch hinsichtlich der Transportkosten die günstigste Variante. Jede Region hat ihre eigenen Gesteine und wird von diesen seit Jahrtausenden geprägt. Sehr stimmig kann es deshalb sein, dieses regionale Gestein auch im eigenen Garten einzusetzen.

Das Material für einen Steingarten sollte möglichst eine Mischung aus kleineren Kieseln oder Splitt und größeren Steinbrocken bis hin zu markanten Blöcken oder Findlingen sein. Wenn man nur eine Steinart verwendet, kann sich ein besonders harmonisches Bild ergeben. Es kann aber auch sein, dass diese Harmonie überhaupt nicht zur Geltung kommt, weil das gewählte Steinmaterial nicht zum Gesamtbild unseres Gartens passt und fremdartig oder künstlich wirkt. Deshalb kann auch die Kombination verschiedener Steinarten eine gute Wahl sein, wenn man darauf achtet, dass die Gesamtanlage am Ende ruhig und gefällig wirkt. Außer diesem sichtbaren Steinmaterial, das dem Steingarten später sein »Gesicht« geben wird, benötigt man Dränagematerial für den Unterbau, zum Beispiel Splitt oder Schotter, wie er üblicherweise auch beim Straßenbau verwendet wird.

Wie wir den Steingarten letztlich gestalten, hängt von unserem Gesamtkonzept, den Kosten und Beschaffungsmöglichkeiten ab, und mitunter muss man dabei den einen oder anderen Abstrich an bisherige Vorstellungen machen. Vielleicht hat man sich in eine bestimmte Steinart verliebt, die sich als viel zu teuer erweist, oder das Beschaffen stellt sich als zu schwierig heraus. Steine kann man heute problemlos im Baustoffhandel kaufen, ist aber über die Höhe der Kosten oft so erschrocken, dass man nach anderen Möglichkeiten Ausschau hält. Preiswerte Beschaffungsmöglichkeiten ergeben sich oft zufällig oder beim Nachfragen in einem Steinbruch, der in der Nähe liegt, bei einem Steinmetz oder Tiefbauunternehmen. Eine weitere gute Möglichkeit, Steine zu erhalten – auch besondere und »alte« –, kann sich durch einen Besuch bei einem Abrissunternehmen ergeben. Dort ist man mitunter froh, wenn sich jemand für den auf Halde liegenden »Bauschutt« interessiert und dafür auch noch bezahlen möchte.

Naturnahe Steinauswahl

Granit ist ein Urgestein, das durch Erstarrung von Gesteinsschmelzen in größerer Tiefe unter der Erdoberfläche entsteht. Größere Granitvorkommen gibt es zum Beispiel im Bayrischen Wald, im Oberpfälzer Wald und im Thüringer Wald, aber auch im Harz, im Riesengebirge oder in den Vogesen. In den Alpen ist Granit nur teilweise vertreten, zum Beispiel in Südtirol bei Brixen oder am Gotthardmassiv. Granit ist ein sehr hartes und schweres Gestein und kommt in verschiedenen Farben vor. In den Handel gelangt Granit meist als Bruchstein, seltener als abgerundeter Findling. Daneben wird Granit in verschiedenen Bearbeitungsformen angeboten: als Pflasterstein (Katzenkopf), Treppenstufe, Splitt oder Schotter. Bruchsteine und Findlinge aus Granit eignen sich gut als sichtbare Steine im Steingarten oder zum Bau von Trockenmauern. Splitt und Schotter auf Granitbasis können als Dränagematerial verwendet werden und ebenso zum Anlegen von Wegen und Plätzen im Naturgarten.

Basalt ist ein sehr häufig vorkommendes vulkanisches Gestein mit meist schwarzer oder dunkelgrauer Färbung. Das robuste Gestein wurde früher bevorzugt zum Bau von Kirchen, Klöstern oder anderen Massivbauten verwendet und dient auch heute noch wegen seiner Verschleißfestigkeit in zerkleinertem Zustand für den Unterbau von Bahngleisen oder Straßen. Die bekannteste Erscheinungsform ist der sechseckige Säulenbasalt, der früher in Form von Pflastersteinen Verwendung fand. Eine weitere, jedoch eher seltene Form ist der Kugelbasalt. Basalt wird auch für die Gestaltung von Steingärten oder den Bau von Trockenmauern verwendet, verleiht den Anlagen aber ein etwas düsteres Erscheinungsbild. Größere Basaltvorkommen findet man in der Schwäbischen Alb, im Lausitzer Bergland, in der Vulkaneifel oder in der österreichischen Steiermark.

Gneis ist eine Gesteinsart, aus der sich viele Gebirge gebildet haben, zum Beispiel große Teile der Zentralalpen oder des Erzgebirges. Gneis ist ähnlich verschleißfest wie Granit, aber im Gegensatz zu diesem gut spaltbar, und kommt nach dem Abbau auch in Form von unbearbeiteten Blöcken oder Platten in den Handel. In Gebieten mit großen Vorkommen wurde das harte Gestein früher oft zum Bau von Häusern, Mauern oder beim Wegebau verwendet und verleiht den Regionen häufig noch heute ihr typisches Aussehen. Heute verwendet man Gneis in grob bearbeiteter oder geschliffener Form zum Bau von rustikalen Treppen oder Brunnen, aber auch Wegeplatten oder Fliesen werden daraus gefertigt. Gespaltener Gneis zeigt viele interessante Strukturen und Farbnuancen, die grau, rötlich oder auch grünlich sein können. Bruchsteine aus Gneis in Form von Platten oder Blöcken eignen sich ideal zum Bau einer Trockenmauer oder für einen Steingarten.

Sandstein ist ein sogenanntes Sedimentgestein, in dem Sandkörner unterschiedlicher Größe miteinander verkittet sind. Da der überwiegende Anteil der Sandkörner aus verwitterungsresistenterem Quarz besteht, erhält auch der Sandstein seine Festigkeit und ist weitgehend gegen Verwitterungseinflüsse beständig. Von geringerer Härte sind Sandsteine, in denen die Quarzkörner in nur geringem Maße vorhanden sind. Die Farben von gebrochenem Sandstein können Weiß, Grau, Braun, Gelblich oder auch Rötlich sein und werden vor allem durch die eingeschlossenen Mineralien hervorgerufen. Da sich dieses Sedimentgestein sehr gut bearbeiten lässt, ist es ein geschätztes Baumaterial. Bekannt für ihre historischen Bauwerke aus Sandstein ist zum Beispiel die Stadt Dresden, in der neben anderen Gebäuden auch die im Zweiten Weltkrieg völlig zerstörte Frauenkirche mit Sandstein aus den in der Nähe gelegenen Steinbrüchen des Elbsandsteingebirges wieder aufgebaut wurde. Sandstein kommt fast überall in der Welt vor: zum Beispiel in den USA (unter anderem Grand Canyon), im Harz, in der Eifel oder im Hunsrück, im österreichischen Vorarlberg oder in Graubünden in der Schweiz. Bruchsteine oder auch Findlinge mit gerundeten Formen aus Sandstein eignen sich auch zum Bau von Trockenmauern oder für einen Steingarten, wobei die gebrochenen Steine im Laufe der Zeit immer dunkler werden, was ihnen dann ein rustikales Aussehen verleiht.

Der sich im Handel befindliche Sandstein stammt nicht immer aus heimischen Steinbrüchen, sondern es handelt sich zum Teil um importierte Steine aus China oder Indien. Vor allem aus Indien ist bekannt, dass es dort Steinbrüche gibt, in denen Kinder unter menschenunwürdigen Bedingungen wie Sklaven arbeiten. Hinter einem besonders günstigen Angebot von Exportsteinen verbirgt sich so mitunter ein trauriges Schicksal, denn Kinder zahlen den Preis. Heimische Steine sind deshalb die beste Wahl. Bei importierter Ware sollte auf das Xertifix-Siegel geachtet werden, das für Natursteine ohne Kinder- und Zwangsarbeit steht.

Kalkstein entsteht auf unterschiedliche Weise, wobei sich der überwiegende Teil aus abgestorbenen Korallen oder Schalen tragenden Muscheln und Schnecken gebildet hat. Große, von Kalkstein geprägte Landschaften findet man zum Beispiel in der Schwäbischen und Fränkischen Alb, in den nördlichen und südlichen Alpen, im Schweizer und Französischen Jura, in Irland, in der Türkei oder auf Mallorca. Kalkstein, der in großen Blöcken und Platten gebrochen wird, eignet sich auch zum Bau von Trockenmauern. Kleinere Stücke sollte man dabei möglichst nicht verwenden, da dieses Gestein nur bedingt witterungsbeständig ist. Eine andere Ausbildungsform von Kalkgestein ist der sogenannte Kalktuff, ein Karstgestein mit Vorkommen in den Kalkalpen, in der Fränkischen Alb oder in der Eifel. Kalktuff ist eine im Steingarten sehr dekorative, zunächst weiche Gesteinsart mit einer porösen Struktur und zahlreichen Ritzen und Öffnungen, die sich im Laufe der Zeit an der Luft erhärtet.

Der Begriff **Porphyr** wird für alle Gesteine vulkanischen Ursprungs verwendet, in deren Grundmasse verschieden große Kristalle eingebettet sind, die gut sichtbar hervortreten. Je nachdem, aus welchen Mineralien Porphyr besteht, kann die Grundfarbe des Gesteins Grau, Braun, Rötlich oder Purpurfarben sein, immer durchsetzt von den eingeschlossenen helleren oder auch dunkleren Kristallen. Das vielfältige, dekorative Erscheinungsbild macht Porphyr zu einem begehrten Werkstoff für Bildhauer oder Steinmetze. Das robuste Gestein wird auch zur Herstellung von Blockstufen, Pflastersteinen oder Bodenfliesen verwendet. Im Garten ergeben sich für die Verwendung vielerlei Möglichkeiten: für Wege, Plätze, Steingärten oder Trockenmauern. Vorkommen von Porphyr gibt es unter anderem im Hunsrück, Fichtelgebirge, Schwarzwald, Erzgebirge, Thüringer Wald oder in Südtirol.

Trockenmauern

Der Bau von Trockenmauern zählt zu den ursprünglichsten Bautechniken und begann, als der Mensch sein Leben als Jäger und Sammler aufgab und sesshaft wurde. Noch erhaltene oder halb verfallene historische Trockenmauern zeigen, dass es schon die Baumeister früherer Generationen verstanden, Steine ohne Zuhilfenahme von Bindemitteln zu stabilen Mauern zusammenzufügen. In allen Kulturen haben sich Menschen auf den verschiedenen Kontinenten mit den Techniken des Trockenmauerbaus befasst und sie zu einer bewundernswerten Perfektion entwickelt.

Viele Trockenmauern wurden in ländlichen Regionen errichtet und es entstanden Mauern, die zur Abgrenzung von Grundstücken und Weiden dienten oder zur Befestigung von Hanglagen. An vielen Weinbergen mit ihren Steilhängen in sonnenexponierter Lage nutzte man das Prinzip des Trockenmauerbaus, um Stützmauern und Wege terrassenförmig anzulegen, und ein Blick auf historische Weinbaugebiete lässt noch heute die mühevolle Arbeit ganzer Winzergeneratio-

Trocken aufgeschichtete Mauern sind wichtige Sekundärlebensräume für Eidechsen.

nen erahnen. Zeugnisse der alten Kunst des Trockenmauerbaus findet man fast immer in Gebieten mit großen Steinvorkommen, und diese Bauwerke verleihen den Regionen ein für sie typisches ästhetisches Gesicht. So findet man im Rhônetal und in den französischen Alpen ganze Dörfer, in denen Gebäude, Brunnen oder die Abgrenzungen von Grundstücken und landwirtschaftlichen Flächen in traditioneller Trockenbauweise errichtet wurden. Auch auf Mallorca und den Kanarischen Inseln gibt es viele Zeugnisse dieser alten Handwerkskunst, die heute nicht mehr viele beherrschen, in Form von Befestigungsmauern, Trennmauern oder einfachen Gebäuden in ländlichen Gebieten, deren Erbauer einheimische Bauern waren.

Die nach dem Prinzip des Trockenmauerbaus errichteten Bauwerke vergangener Zeiten entstanden meist in dem Bestreben, die Lebensgrundlage der Menschen zu verbessern. Viele von ihnen sind aus unserer heutigen, von modernen Siedlungsbauten, Straßen und monotonen Agrarflächen geprägten Landschaft verschwunden. Nur hin und wieder treffen wir noch auf solche aus Stein errichteten Zeugen traditioneller Baukunst und bewundern die handwerklichen Fähigkeiten und Fertigkeiten früherer Generationen.

Im Garten errichtete Trockenmauern können zumindest teilweise eine Ersatzfunktion für diese verloren gegangenen Bauwerke mit ihrer kulturhistorischen Bedeutung und ihrem Wert, den sie für unsere Tierwelt haben, übernehmen. Mit Geschick und Fantasie gebaut, kann eine Trockenmauer nicht nur ein neuer Wohnraum für Tiere, sondern auch ein Zierstück im Garten werden. Zum Bepflanzen der Mauer bieten sich viele attraktive einheimische Pflanzen an. Sie benötigen kaum Nährstoffe und gedeihen dort am besten, wo es sonnig und trocken ist.

Im Gegensatz zu Mauern, die mit Mörtel errichtet wurden, haben Trockenmauern zahlreiche Hohlräume und Ritzen, und das macht sie für Tiere interessant. Sie sind bevorzugte Lebensräume und Verstecke für Eidechsen, Spitzmäuse, Schnecken, Spinnen und Insekten. Die feuchten und kühlen Bodenbereiche der Mauer sind ideale Tagesverstecke für Kröten, Salamander oder Molche, die erst nachts zum Vorschein kommen, wenn die Sonne ihre empfindliche Haut nicht mehr austrocknen kann. Wärme liebende Tiere lassen sich dagegen tagsüber

Trockenmauern können als Stützmauer (oben) oder frei stehend (unten) errichtet werden. Mit Geschick und Fantasie gebaut, können die Mauern nicht nur Wohnraum für Tiere, sondern auch ein Zierstück im Garten sein. Die Mauer wird so bepflanzt, dass genügend Fugen offen bleiben. Dort finden Eidechsen und viele andere Tiere Einschlupfmöglichkeiten und Verstecke. Geeignete Pflanzen stellt die Tabelle »Pflanzen für Trockenstandorte« auf den Seiten 98 und 99 vor. Diese Pflanzen benötigen kaum Nährstoffe und gedeihen dort am besten, wo es sonnig und trocken ist.

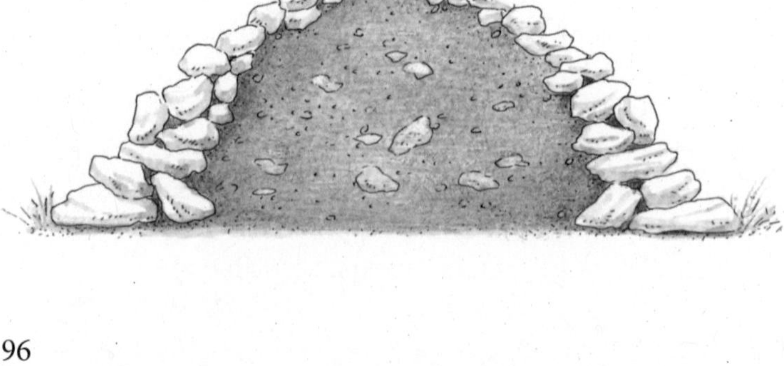

zwischen den von der Sonne aufgeheizten Steinen beobachten. Mauereidechsen nehmen dort ein Sonnenbad, winzige Springspinnen halten Ausschau nach kleinen Beutetieren. Die Ritzen und Fugen der Mauer sind gleichermaßen Brutstätten, Verstecke, Jagdreviere oder Überwinterungsplätze. Steinhummeln legen dort mitunter ihre Baue an, Asseln verkriechen sich im düsteren, feuchten Ganglabyrinth, Trichterspinnen weben ihre Gespinstfallen, Wolfsspinnen und Weberknechte streifen bei der Nahrungssuche umher.

Der beste Standort für eine Trockenmauer ist die sonnenexponierte Südseite eines Gartens. Man kann die Mauer frei stehend errichten oder bei Hanglage ähnlich wie eine Stützmauer an einem Weinberg an den Hang anlehnen. Perfektion ist beim Bau einer Trockenmauer nur insofern wichtig, als dass die Mauer am Ende stabil sein muss und nicht zusammenfallen darf. Eine labile Lage von einzelnen Steinen ist grundsätzlich zu vermeiden. Gleichzeitig müssen wir für Hohlräume und Lücken sorgen, wenn sie später zum Unterschlupf für Tiere werden oder eine Bepflanzung ermöglichen sollen.

Für den Bau einer Trockenmauer kommen unterschiedliche Formen von Steinen und Gesteinsarten infrage: Feldsteine, Granit, Quarz, Schiefer oder alte Ziegelsteine (siehe auch Seite 89). Für welche Steine man sich letztendlich entscheidet, ist auch eine Frage des Geschmacks. Die Verwendung von nur einer Gesteinsart kann sehr harmonisch wirken. Aber auch die geschickte Kombination unterschiedlicher Gesteinsarten und Steine kann überzeugen. Natursteine, die im Gartenfachhandel angeboten werden, sind ziemlich teuer, und eine Trockenmauer verschlingt eine Menge davon. Deshalb schaut man sich am besten erst einmal auf einer Bauschuttdeponie, bei einer Abrissfirma oder einem Tiefbauunternehmen um und bekommt die Steine dort mitunter sogar zum Nulltarif.

Damit die Mauer auf sicheren Füßen steht und Regenwasser schnell versickern kann, hebt man am besten eine Grube von etwa 30 Zentimeter Tiefe aus, in der Fläche etwas größer als die Grundfläche der geplanten Mauer. Die Grube wird mit grobem Kies, Schotter oder zertrümmerten alten Dachziegeln gefüllt. Darauf kommt eine Schicht grober Sand. Diese gesamte Füllschicht wird mit einem Rüttler fest gestampft.

Pflanzen für Trockenstandorte

Deutscher Name Botanischer Name	Standort	Blütezeit Blütenfarbe	Wuchshöhe
Alpen-Distel *Carduus defloratus*	Trockenmauer, Steingarten	Mai – Aug. purpur	bis 80 cm
Alpen-Sonnenröschen *Helianthemum alpestre*	Wege, Plätze, Trockenmauer, Dach	Juni – Aug. gelb	5 – 10 cm
Christrose *Helleborus niger*	Wege, Plätze, Trockenmauer	Dez. – März weißrosa	10 – 30 cm
Echte Hauswurz *Sempervivum tectorum*	Steingarten, Trockenmauer, Dach	Juli – Sept. rot	bis 50 cm
Felsen-Gelbstern *Gagea bohemica*	Wege, Plätze, Treppen, Steingarten, Trockenmauer, Dach	März – April gelb	bis 10 cm
Frühlings-Adonisröschen *Adonis vernalis*	Wege, Plätze, Steingarten, Trockenmauer, Dach	April – Mai hellgelb	10 – 40 cm
Gefleckte Flockenblume *Centaurea stoebe*	Wege, Steingarten, Trockenmauer, Dach	Juni – Sept. violett	30 – 60 cm
Gelber Lerchensporn *Pseudofumaria lutea*	Wege, Plätze, Treppen, Steingarten, Trockenmauer, Dach	Mai – Okt. gelb	10 – 20 cm
Gewöhnliche Kugelblume *Globularia bisnagarica*	Trockenmauer, Dach	Mai – Juni violett	bis 30 cm
Gewöhnlicher Dost *Origanum vulgare*	Wege, Plätze, Steingarten, Dach	Juli – Sept. rosa	20 – 80 cm
Gewöhnlicher Thymian *Thymus pulegioides*	Wege, Treppen, Dach, Steingarten, Trockenmauer	Juni – Okt. rosa	5 – 20 cm
Golddistel *Carlina vulgaris*	Wege, Plätze, Steingarten, Dach	Juli – Sept. gelb	15 – 40 cm
Heide-Nelke *Dianthus deltoides*	Wege, Plätze, Steingarten, Dach	Juni – Okt. purpur	10 – 40 cm
Kaukasus-Asienfetthenne *Phedimus spurius*	Wege, Steingarten, Trockenmauer, Dach	Juli – Aug. lilarosa	bis 20 cm
Kriechendes Fingerkraut *Potentilla reptans*	Wege, Plätze, Dach	Juni – Aug. goldgelb	5 – 20 cm
Moschus-Malve *Malva moschata*	Wege, Steingarten	Juni – Okt. weißlila	30 – 80 cm

Pflanzen für Trockenstandorte

Deutscher Name Botanischer Name	Standort	Blütezeit Blütenfarbe	Wuchshöhe
Quirlblütiger Salbei *Salvia verticillata*	Steingarten, Dach	Juni – Sept. violett	20 – 60 cm
Rundblättrige Glockenblume *Campanula rotundifolia*	Wege, Plätze, Trockenmauer, Dach	Juni – Okt. blau	10 – 40 cm
Sand-Thymian *Thymus serpyllum*	Wege, Treppen, Dach, Steingarten, Trockenmauer	Mai – Okt. rosa	10 – 30 cm
Sand-Wicke *Vicia lathyroides*	Steingarten, Dach	April – Juni violett	5 – 20 cm
Scharfer Mauerpfeffer *Sedum acre*	Steingarten, Trockenmauer, Dach	Juni – Juli goldgelb	5 – 15 cm
Scheuchzers Glockenblume *Campanula scheuchzeri*	Steingarten, Dach	Juli – Aug. blauviolett	10 – 20 cm
Stängelloser Enzian *Gentiana acaulis*	Steingarten, Trockenmauer, Dach	Juni – Aug. azurblau	5 – 10 cm
Steinfingerkraut *Potentilla rupestris*	Wege, Steingarten, Trockenmauer, Dach	Mai – Juni weiß	30 – 50 cm
Stein-Nelke *Dianthus sylvestris*	Trockenmauer, Dach	Juli – Sept. rosa	bis 40 cm
Weg-Malve *Malva neglecta*	Wege, Plätze, Trockenmauer	Juni – Okt. rosa	10 – 40 cm
Weinbergs-Traubenhyazinthe *Muscari neglectum*	Wege, Plätze, Steingarten, Dach	April – Juni blau	10 – 20 cm
Weißer Alpen-Mohn *Papaver alpinum* subsp. *sendtneri*	Wege, Steingarten, Trockenmauer	Juli – Aug. weiß	bis 15 cm
Weißer Mauerpfeffer *Sedum album*	Wege, Steingarten, Trockenmauer, Dach	Juni – Juli weiß	bis 20 cm
Wiesen-Küchenschelle *Pulsatilla pratensis*	Wege, Plätze, Trockenmauer, Dach	April – Mai violett	10 – 50 cm
Zwerg-Glockenblume *Campanula cochleariifolia*	Trockenmauer, Dach	Juni – Aug. blau	5 – 15 cm

Dann schichtet man die Steine für die Mauer leicht nach innen geneigt auf. Prinzipiell kommen die großen Steine nach unten, nach oben hin werden sie kleiner. Wird der nächste Stein gesetzt, prüft man sorgfältig, ob er auch richtig sitzt. Dabei achtet man darauf, dass keine Kreuzfugen entstehen. Zwischendurch wird der Innenraum der frei stehenden Mauer oder der hintere Teil einer Mauer in Hanglage immer wieder mit Steinbruch, Kies oder Schotter gefüllt. Die Steine der Mauer müssen vorher schon so gesetzt sein, dass die Mauer auch ohne dieses Füllmaterial fest steht.

Eidechsenhügel aus Lesesteinen

Lesesteinhaufen sind ein wichtiger Lebensraum für Reptilien, Kleinsäuger und viele Insektenarten. Lesesteine, oft auch als Feldsteine bezeichnet, haben sich vor allem während der Eiszeiten vom Urgestein gelöst und werden bei Tiefbauarbeiten oder bei der Bearbeitung landwirtschaftlicher Flächen zutage gefördert. Durch ständige Bewegung wurden die Steine bei ihrer langen Reise unter der Erdoberfläche abgeschliffen und erhielten meist eine rundliche Form. Weil sie bei der Feldarbeit störten, wurden sie früher gesammelt und am Feldrand zu Hau-

Durch eine Schicht aus zertrümmertem Steinmaterial steht der Lesesteinhügel auf festem, wasserdurchlässigem Fundament.

fen aufgeschichtet. In Gebieten, in denen Lesesteine in großen Mengen vorkommen, zum Beispiel in einigen ländlichen Regionen Frankreichs, wurden sie zusammen mit Bruchsteinen auch zum Bau von Häusern und Kirchen oder zum Anlegen von Trockenmauern, die zur Befestigung von Hängen oder zur Begrenzung von Hausgrundstücken, Äckern oder Weiden dienten, verwendet. Ganze Dörfer wurden so auf der Grundlage von Lesesteinen errichtet, fügen sich harmonisch in die Landschaft ein, und die Steine verleihen ihnen heute, wo die moderne Architektur auch in ländlichen Gebieten oft das Bild bestimmt, einen ganz besonderen Charme. Lesesteinhaufen findet man in unserer Heimat nur noch selten. Die Haufen wurden abgeräumt, weil sie den Einsatz großer landwirtschaftlicher Maschinen oder den Ausbau von Feldwegen behinderten.

Aufgrund ihrer runden Form lassen sich Lesesteine als Alleinmaterial nur schwer zu Mauern aufschichten. Sie eignen sich aber gut für den Bau eines Eidechsenhügels im Garten, weil beim geschickten Aufsetzen dieser Steine geeignete Einschlupfmöglichkeiten und Hohlräume zwischen den einzelnen Steinen entstehen.

Als Standort eignet sich gut ein sehr sonniger Platz, in dessen Umgebung niedrige Pflanzen wachsen, welche die Anlage nicht beschatten. Die Grundfläche des Hügels sollte mindestens einen Quadratmeter groß ein. Wie eine Trockenmauer braucht auch der Eidechsenhügel ein festes Fundament aus wasserdurchlässigem Steinmaterial. Hierfür wird zunächst eine Grube von etwa 30 Zentimeter Tiefe ausgehoben – in der Fläche etwas größer als die Grundfläche des geplanten Hügels –, und die Grube wird dann mit grobem Kies, Schotter, kleineren Lesesteinen oder zertrümmerten alten Dachziegeln gefüllt. Darauf kommt eine Schicht grober Sand und diese gesamte Füllschicht wird schließlich mit einem Rüttler fest gestampft.

Besonders attraktiv für Eidechsen wird der Hügel, wenn man um den gesamten Steinhaufen oder an einzelnen Stellen zusätzlich Sandflächen zur Eiablage einplant. Auch an diesen Stellen, wo später der Sand aufgeschüttet wird, hebt man eine Grube von etwa 30 Zentimeter Tiefe aus, gibt das genannte Füllmaterial hinein und verdichtet das Ganze mit einem Rüttler. Auf diese Weise bekommt die Anlage ein sicheres

Woher bekommt man Feldsteine?

Feldsteine, auch als Lesesteine oder Findlinge bezeichnet, werden in Baustoffhandlungen oder im Gartenfachhandel angeboten und sind dort in der Regel sehr teuer. Bauunternehmen fördern bei Ausbaggerungsarbeiten oft größere Mengen an Feldsteinen zutage, für die sie keine direkte Verwendung haben und die man eventuell günstig bei diesen Firmen kaufen kann. Oder man schaut sich nach einem Landwirt um, an dessen Feldrand eingesammelte Steine lagern, die er vielleicht loswerden will und die man dann nur noch abtransportieren muss.

Fundament und eine Dränage, durch die Regenwasser schnell ablaufen kann. Zudem können Pflanzen nicht so schnell von unten her aufkommen und den Steinhaufen oder die Sandflächen überwuchern. Will man sich die Arbeit mit dem Fundament nicht machen, kann man den Lesesteinhaufen auch unkompliziert an einer geeigneten Stelle im Garten aufschütten, so wie es früher am Feldrand üblich war.

Im Gegensatz zu einer frei stehenden Trockenmauer, deren Innenraum mit Kies, Schotter oder Steinbruch gefüllt wird, errichtet man einen Eidechsenhügel nur mit »ganzen« Steinen. Beim Aufbau werden zuerst die größten Steine dicht beieinanderliegend auf der gesamten Grundfläche der Anlage verteilt. Einige der entstandenen Hohlräume werden dann mit kleineren Steinen oder Sand gefüllt. Darauf folgt wiederum eine Lage großer Steine. So schichtet man den Hügel weiter auf. Er sollte mindestens einen Meter hoch werden. Weder der Steinhaufen noch die an seinem Fuß liegenden Sandflächen brauchen eine Bepflanzung. Es werden sich im Laufe der Zeit von selbst Pflanzen ansiedeln, die man bei zu üppigem Wachstum jäten oder zurückschneiden sollte.

Überwinterungsquartier für Eidechsen

Neben Nahrungstieren, Stellen für die Eiablage und Sonnenplätzen sowie Tages- und Nachtverstecken brauchen Eidechsen frostsichere Überwinterungsquartiere, die sie im Garten oft nicht finden.

Ein unterirdisches Überwinterungsquartier für Eidechsen und andere Reptilien oder Amphibien entsteht, wenn man eine Grube von etwa 100 Zentimeter Tiefe aushebt, die in Länge und Breite jeweils mindestes 50 Zentimeter messen sollte. Stößt man beim Ausheben der Grube auf schweren Boden, in dem sich Staunässe bilden kann, schachtet man am besten noch 20 bis 30 Zentimeter tiefer aus und schüttet als unterste Schicht in dieser Höhe Kies auf, in dem Regenwasser schnell versickern kann. Damit das ausgehobene Loch nicht zur Fallgrube wird, in die man später unversehens einbricht, braucht die Anlage von unten her einen tragenden Aufbau aus größeren Steinen oder Holzstücken, die nicht so schnell verrotten, zum Beispiel von Eiche, Buche oder Robinie. Gleichzeitig verhindert man auf diese Weise besser, dass das Füllmaterial nach unten absackt und das vorgesehene Winterquartier dann nicht mehr seinen Zweck erfüllen kann. Die tragenden Steine und Hölzer werden so aufgeschichtet, dass im Keller des Quar-

In einem unterirdischen Überwinterungsquartier finden Eidechsen Unterschlupf während der kalten Jahreszeit.

tiers ein größerer Freiraum entsteht, in den man noch etwas Rindenmulch, Holzwolle oder trockenes Moos hineingeben kann. Im weiteren Aufbau nach oben hin werden die Steine oder Holzstücke dann so gelegt, dass sie stabil aufeinandersitzen und gleichzeitig größere Zwischenräume entstehen, durch die später die Tiere nach unten gelangen. Die Deckschicht besteht aus größeren, flachen Steinen, zwischen denen sich Lücken als Einstiegsmöglichkeiten befinden. Zum Abschluss kann man noch etwas Kies locker aufschütten, der von den Tieren weggeräumt wird, sobald sie die Einschlupflöcher entdeckt haben.

Das Quartier kann sowohl separat im Garten angelegt werden als auch frostfreier Keller einer Eidechsenburg (siehe Seite 114), eines Holzstapels (siehe Seite 110) oder Lesesteinhaufens (siehe Seite 100) sein.

Überwinterungsquartiere für Amphibien

Auch im Garten lebende Amphibien, wie Erdkröten oder Feuersalamander, suchen im Herbst nach geeigneten Überwinterungsmöglichkeiten. Dabei können alte, relativ feuchte, aber frostfreie Keller zu einer »Luxusherberge« für die kalte Jahreszeit werden. Einlass gewährt man den Tieren durch Öffnungen an der Unterseite von Kellertüren oder im Mauerwerk von etwa fünf Zentimeter Höhe und einer Breite von zehn Zentimetern. Durch diese relativ kleinen Öffnungen können die Amphibien in den Keller gelangen, während ihren Feinden der Einlass verwehrt bleibt. Kellertreppen können sich für Erdkröten oder Feuersalamander aber oft als Einbahnstraßen erweisen. Die Tiere lassen sich über die Kellerstufen nach unten gleiten. Doch beim Aufstieg erweisen sich die Stufen dann als unüberwindliches Hindernis. Legt man ein ungehobeltes Brett seitlich über die ganze Kellertreppe, haben die Tiere eine sichere Ausstiegshilfe.

Ein schmales Fluchtbrett hilft Tieren beim Verlassen eines Kellers oder Lichtschachtes.

Sandgärten

Wer sich für kleine Naturerlebnisse begeistern kann und vom geheimnisvollen Leben der in Sandböden nistenden Hautflügler fasziniert ist, kann sie mit einer vegetationsarmen Sandfläche in seinen Garten locken. Gleichzeitig finden dort auch Eidechsen einen geeigneten Platz zur Eiablage. Die gewählte Stelle sollte tagsüber möglichst die ganze Zeit im vollen Sonnenlicht liegen und muss nicht besonders groß sein, denn bereits für ein Sandbeet von nur ein bis zwei Quadratmeter Fläche werden sich Wildbienen, Grabwespen oder Eidechsen interessieren.

Wenn Ihr Garten in einem Sandgebiet liegt, werden Sie beim Graben wahrscheinlich schnell auf eine etwas tiefer liegende Sandschicht stoßen. Um Sand für das Sandbeet zu gewinnen, können Sie in diesem Fall einen Bodenaustausch vornehmen, indem Sie an mehreren Stellen die obere Mutterbodenschicht entfernen, den darunterliegenden Sand für Ihr Sandbiotop verwenden und die entstandenen Löcher mit dem Mutterboden dieser Flächen sowie des Sandbeetes wieder verfüllen. Auf der Fläche des geplanten Sandbeetes wird der Mutterboden bis zur Sandschicht abgetragen. Bei einem Garten, der nicht in einer Sandregion liegt, muss man zunächst einmal auf die Bodenbeschaffenheit schauen. Handelt es sich um normale Gartenerde, in der sich keine Staunässe bildet, wird im Bereich, wo später der Sand aufgeschüttet wird, die nährstoffreiche obere Bodenschicht samt Bewuchs entfernt, bei einer Rasenfläche trägt man die vorhandene Grasschicht bis unter die Wurzeln vollständig ab. Bei sehr lehmigen, verdichteten Böden ist es sinnvoll, die obere Erdschicht noch tiefer, mindestens 30 Zentimeter tief, abzugraben.

Die entstandene Grube wird dann sowohl beim sandreichen als auch beim sandarmen Boden bis zur Erdoberfläche mit Schotter oder Kies verfüllt. Auf diese Dränageschicht schüttet man anschließend den Sand und gestaltet die Fläche.

Die Gestaltung der Anlage hängt weitgehend von ihrer Größe ab. Auch bei einem kleinen Sandbeet sollte die Sandschicht von der Erdoberfläche nach oben gemessen mindestens 30 Zentimeter hoch sein, damit sandliebende Pflanzen sich dort ansiedeln und Eidechsen ihre Eier tief genug im Sand vergraben können. Wenn man genügend Raum und viel Sand zur Verfügung hat, kann man den Sandgarten auch als kleine Dünenlandschaft gestalten. Ebenso kann man das Sandbiotop vor einer Trockenmauer anlegen (siehe Seite 94), vor einer frei stehenden Lehmflechtwand mit Nisthilfen für Wildbienen oder vor einer Brombeerhecke, die Katzen von den Eidechsen fernhält und den Tieren bei Gefahr Unterschlupf bietet. Eine weitere Gestaltungsmöglichkeit besteht darin, dass man in bestimmten Bereichen der Sandanlage eine niedrige Trockenmauer als Abgrenzung zu anderen Gartenbereichen errichtet.

Ein Sandgarten verträgt keine Fußtritte. Je nach Größe der Anlage sollte man deshalb schmale Wege anlegen, einige Trittsteine oder Trittsteinplatten verlegen, damit man Pflegearbeiten vornehmen oder auch alles in Ruhe beobachten kann. Für die Weggestaltung eignen sich am besten Natursteine oder Hartholzscheiben von Buche, Eiche oder Robinie. In der Tabelle »Pflanzen für Trockenstandorte« sind einige

Arten aufgeführt, die lockere, warme und trockene Sandböden mögen (siehe Seite 98). Nach dem Einpflanzen muss man sie je nach Wetterlage gießen, bis sie richtig angewachsen sind. Diese Pflanzen locken Insekten an, von denen sich manche Arten auch für den Sandboden als Nistplatz interessieren. Ebenso kann der Sand für Eidechsenweibchen interessant sein, die dort ihre Eier ablegen wollen. Deshalb sollte man beim Bepflanzen darauf achten, dass größere Flächen der Sandanlage frei bleiben. Falls sich die Pflanzen zu stark ausbreiten, sollte man sie von Zeit zu Zeit etwas auslichten.

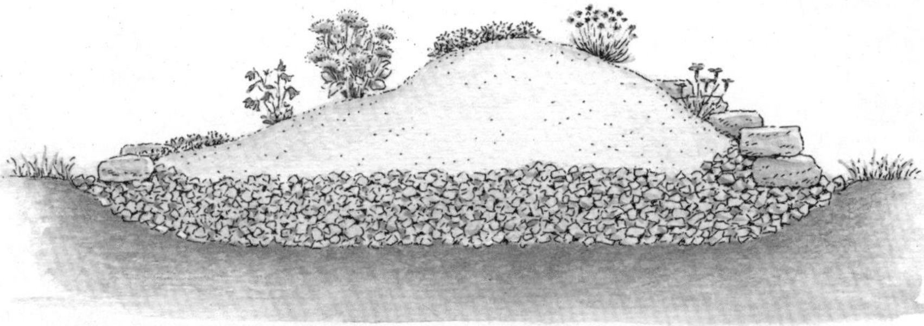

Querschnitt durch einen bepflanzten Sandgarten mit niedriger Trockenmauer und Dränageschicht unter der Anlage, durch die Regenwasser leicht abfließen kann. Auch unter dem aufgeschütteten Sand muss der Boden wasserdurchlässig sein. Die Gestaltung des Sandgartens richtet sich vor allem nach dessen Größe.

Geeigneter Sand

Für den Sandgarten verwendet man am besten nährstoffarmen Feinsand aus der näheren Umgebung. Mögliche Bezugsquellen sind regionale Sandgruben, Kieswerke (in denen Feinsand ausgesiebt wird), lokale Bauunternehmen oder der Baustoffhandel.

Geschätzter Bodenlebensraum

In normalen Gartenböden mit hohen Anteilen von Lehm und Humus sind die Räume zwischen den einzelnen Bodenteilchen sehr klein. Der Boden neigt zur Verdichtung und ist reich an Wasser. Je wasserhaltiger ein Boden ist, desto kühler ist er und desto langsamer erwärmt er sich. An Trockenheit und Wärme angepasste Pflanzen- und Tierarten fühlen sich in einem solchen Gartenboden nicht wohl, das gilt auch für im Boden nistende Hautflügler wie Sandbienen, Wollbienen, Blattschneiderbienen, Furchenbienen oder Grabwespen. Trockenbiotope bieten diesen Insekten geeignete Lebensräume, weil die Tiere dort den für ihre Nistgänge benötigten trockenen Untergrund finden. Trockenheit ist die Grundvoraussetzung für die Wahl eines Nistplatzes, denn in Böden, wo sich Staunässe bilden kann, verpilzen die Gelege der Tiere oder die eingetragenen Pollenvorräte rasch. Ähnliches gilt für die Eiablageplätze von Eidechsen. Eierlegende Weibchen werden stets sandige Flächen aufsuchen, unter deren Oberfläche zwar eine gewisse Feuchtigkeit herrscht, sich aber keine Staunässe bildet und die Brut unter der Sonnenwärme heranreifen kann.

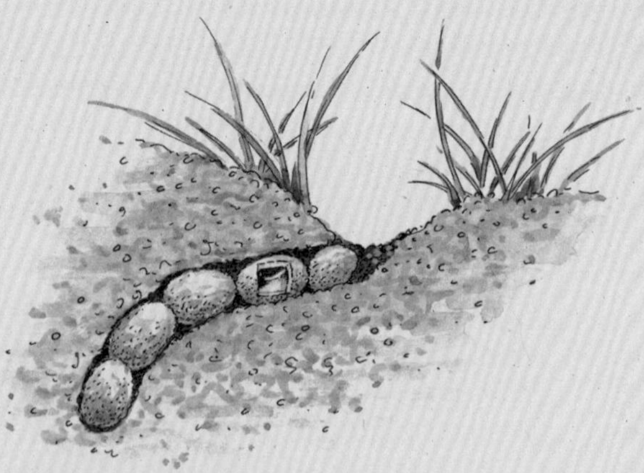

Trockenheit ist für Eidechsen und auch für viele Hautflügler, die ihre Nester im Boden anlegen, eine Grundvoraussetzung für die Wahl eines Nistplatzes. So sammelt zum Beispiel die Wollbiene Pflanzenfasern von Salbei, Königskerze oder Quitte, mit denen sie ihre Nistzellen baut. In jeder Brutzelle entwickelt sich eine Larve zum fertigen Insekt.

Weitere Trockenflächen im Garten: Wege, Plätze, Treppen

Sandhaltige Fugen zwischen Steinen und Hartholzscheiben auf Wegen, Plätzen oder Treppen bieten ebenfalls Nistgelegenheiten für viele Hautflügler wie Sandbienen und Furchenbienen, Grabwespen oder Wegwespen. Wie alle anderen Trockenbereiche eines Naturgartens sollte man auch Wege und Plätze auf einem Fundament aus wasserdurchlässigem Steinmaterial aufbauen (siehe zum Beispiel Seite 97). Dann kann man mit dem Bau der geplanten Anlage beginnen.

▹ … mit Natursteinplatten

Natursteinplatten werden in feinem Sand mit größeren Lücken zwischen den einzelnen Platten verlegt. Dann wird die gesamte Fläche mit einem Rüttler fest gestampft. Die Fugen zwischen den Platten werden abschließend mit feinem Kies gefüllt. Die gleiche Arbeitsmethode eignet sich auch beim Verlegen von Feldsteinen oder Katzenköpfen (Pflastersteinen).

▹ … mit Kies

Mit ungewaschenem Kies in unterschiedlichen Korngrößen lassen sich Wege und Plätze auf sehr einfache und ansprechende Weise gestalten. Der Kies wird in einer Schichthöhe von zehn Zentimetern auf das Fundament geschüttet, mit einem Rüttler verdichtet und fest gestampft. Die Außenkanten eines Weges sollten mit Steinen befestigt werden, weil der Kies andernfalls seitlich abgetragen wird.

▹ … mit Holz

Auch Holzwege brauchen ein etwa 20 Zentimeter hohes Fundament aus Schotter oder Bruchstein, das mit einem Rüttler gut verdichtet wird. Für einen Holzweg eignen sich Hartholzscheiben (zum Beispiel von Eiche, Buche, Robinie) mit einer einheitlichen Länge von etwa 20 Zentimetern. Die Holzscheiben werden in einer etwa zehn Zentimeter hohen Lage Schotter auf dem Fundament verlegt. Sie sollten unterschiedliche Durchmesser haben, damit man sie gut aneinanderfügen kann und keine allzu großen Fugen entstehen. Anschließend füllt man die Fugen mit einem Gemisch aus feinem Sand, Splitt oder kleinen Kieseln. Die Außenkanten des Weges können mit Steinbruch oder angespitzten Rundhölzern, die in den Boden eingeschlagen werden, stabilisiert werden.

Holzbiotope

Neben ihrer Vorliebe für Steine halten sich Eidechsen beim Sonnenbad auch gerne auf Baumstubben, liegenden Baumstämmen, abgestorbenen Ästen oder Holzbalken auf, denn Holz hat eine gute Wärmeisolation gegen den Untergrund, nimmt schnell Wärme auf und gibt sie schnell wieder an die Umgebung ab. Wenn das Holz zu Stapeln aufgeschichtet ist, dient es den Wärme liebenden Tieren nicht nur als Sonnenplatz: Sie können sich dort auch sicher fühlen. Sobald eine Gefahr droht, verschwinden sie blitzschnell in einer der zahlreichen Lücken.

Frei stehende Holzmauer

Holzbiotope im Garten, für die sich Eidechsen interessieren, lassen sich auf verschiedene Weise errichten, zum Beispiel durch den Aufbau einer frei stehenden Holzmauer. Hierzu eignet sich Rundholz oder auch Spaltholz (Holzscheite) mitsamt der Rinde, bei einer Länge der Stücke von etwa 50 Zentimetern und einem Durchmesser von zehn bis 15 Zentimeter. Geeignete Holzarten sind Eiche, Buche, Robinie, Apfel oder Pflaume, also Holzarten, die vergleichsweise langsam verrotten, weil diese Holzmauer langlebig sein sollte.

Die Hölzer werden auf einer Dränageschicht aus grobem Kies, Bruchsteinen oder Schotter aufgeschichtet (siehe Seite 97), und zwar so, dass sie fest aufeinanderliegen, gleichzeitig aber genügend Spalten als Einschlupfmöglichkeiten für Eidechsen entstehen. Man kann die Holzmauer auch ohne Fundament errichten, muss dann aber damit rechnen, dass sie von unten her früher verrottet. Wenn man einige Hölzer etwa zehn Zentimeter nach hinten verschiebt, entstehen kleine »Balkone«, auf denen sich die Tiere nach Belieben sonnen können. Die Stirnseite der Mauer zeigt möglichst in die südöstliche bis südwestliche Richtung. Die Holzmauer sollte möglichst einen Meter hoch und etwa zwei Meter lang sein. Prinzipiell darf sie in der Höhe und Breite auch kleiner sein, sodass es eher ein Holzstapel ist. In diesem Fall kann man für mehr Stabilität sorgen, indem man seitlich zum Beispiel angespitzte Hartholzpfähle mit einem Vorschlaghammer in den Boden schlägt, bevor man mit dem Aufstapeln beginnt.

Eine Holzmauer kann auch angelehnt an der Hauswand errichtet werden, womit zusätzlich geschützte Sonnenplätze und Verstecke für die Eidechsen entstehen. Zuvor sollte man sich überlegen, ob man dieses Holz eventuell im Winter als Brennholz verwenden will. Falls die Eidechsen den Holzstapel auch als Überwinterungsquartier nutzen, könnte es dann für die Tiere problematisch werden.

Weitere Holzbiotope im Garten

Holz bringt jede Menge Leben in einen Garten. Je nach Holzart zerfällt abgestorbenes Holz langsamer oder schneller, und bevor es sich irgendwann in Humus verwandelt hat, bietet es über Jahre hinweg unzähligen Tierarten Nahrung, Nistplatz und Wohnraum. Flechten, Moose und Pilze siedeln sich an, Asseln und Spinnen folgen. Spechte, Kleiber und Meisen stochern in den Ritzen herum und klopfen die lockere Rinde ab. Darunter verbergen sich die Larven von Pinsel-, Bock- oder Rosenkäfern. Die Käferlarven ernähren sich von Holzpartikeln und hinterlassen mit ihren Fraßgängen Niststätten für Wildbienenarten, die sich ihre Brutgänge nicht selbst graben können.

Abgestorbenes Holz bringt jede Menge Leben in den Garten.
Es bietet unzähligen Tierarten Nahrung, Nistplatz und Quartier.

Bevor Holz nach vielen Jahren verrottet ist, werden wir erleben, wie die großen Gesetze der Natur dort im Kleinen wirken. Viele Tierarten werden das Wohnungsangebot schätzen und uns Gelegenheit geben, sie zu beobachten. Gleichzeitig kann uns das abgestorbene Holz als Baumaterial für zahlreiche Gestaltungselemente im Naturgarten dienen.

Zaun aus Holzstangen und Totholz: Für den Bau eines Zaunes aus Holzstangen und Totholz braucht man etwa fünf Zentimeter dicke Pfähle aus widerstandsfähigem Holz (Lärche, Eiche, Robinie). Die Länge der Pfähle richtet sich nach der Höhe des Zaunes. Die Holzpfähle werden unten angespitzt und mit einem Vorschlaghammer 30 bis 40 Zentimeter tief in den Boden geschlagen. Sie sollten eine Reihe bilden mit Abstand von jeweils etwa einem Meter zwischen zwei Pfählen. Eine zweite Reihe Pfähle wird im Abstand von etwa zehn Zentimetern neben der ersten Pfahlreihe eingeschlagen. Dabei werden die Pfähle mittig zwischen zwei Pfählen der ersten Reihe angeordnet. Anschließend werden zwischen den beiden Pfahlreihen lange, möglichst gerade gewachsene Zweige oder Äste aufgeschichtet, bis die Zaunhöhe erreicht ist. Wenn die unteren Äste verrotten und der Zaun langsam absackt, werden oben neue Äste aufgelegt.

Weidenflechtzaun: Beim Bau eines Weidenflechtzaunes schlägt man wie beim Stangenzaun beschrieben etwa fünf Zentimeter dicke Pfähle aus widerstandsfähigen Holzarten 30 bis 40 Zentimeter tief in den Boden ein. Die Pfähle für einen Weidenzaun bilden nur eine Reihe und haben jeweils einen Abstand von etwa 50 Zentimetern voneinander. Um die Pfähle herum werden Zweige von Weiden oder anderen biegsamen Gehölzen verflochten.

Einen lebendigen Zaun erhält man durch Pfähle von frisch geschlagenen Weiden, die etwa 50 Zentimeter tief im Boden vergraben werden. Wenn man sie feucht hält, bilden sie in der Regel Wurzeln und neue Triebe, die man im Zaun verflechten oder zurückschneiden kann.

Totholzhaufen: Der Totholzhaufen hat nichts mit Unordnung im Garten zu tun. Eher mit der klugen Überlegung, dass abgeschnittene Äste kein Sperrmüll, sondern organische Materialien sind, für die sich eine große Anzahl von Tieren interessiert. In einer Gartenecke aufgeschichtet, wird der Totholzhaufen langsam von unten her vermodern und in sich zusammensacken. Wenn wir das nächste Mal einen Obstbaum oder eine Hecke beschneiden, legen wir Äste und Zweige auf den Haufen und halten so den Naturkreislauf in Schwung.

Eidechsenburg aus Steinen und Holz

Aus Steinen und Holz lässt sich ein frei stehendes Bauwerk errichten, das Eidechsen sowohl Sonnenplätze und Versteckmöglichkeiten als auch Quartier für die Nacht und Überwinterung bieten kann.

Der Aufbau der Anlage beginnt auf einer etwa 30 Zentimeter hohen Dränageschicht, die ähnlich wie das Fundament einer Kräuterspirale oder eines Sandbeetes gestaltet wird (siehe Seite 97). Die Grundfläche dieses Eidechsenhügels sollte mindestens einen Quadratmeter groß sein. Sie kann kreisförmig oder auch eckig sein.

Auf diesem Fundament werden die Steine der eigentlichen Burg aufgeschichtet. Als Steinmaterial eignen sich größere Bruchsteine am besten. Feldsteine haben meist rund geschliffene Formen und lassen sich deshalb nur schwer in eine stabile Lage bringen (siehe auch Seite 101). Wie beim Bau einer Trockenmauer kommen die größten Steine nach unten. Weitere Steine werden leicht nach innen geneigt auf der unteren Reihe aufgesetzt, immer so, dass sie wie beim Bau einer Hausmauer über den Fugen der unteren Steinlage liegen. Wichtig ist, dass jeder Stein fest aufliegt und gleichzeitig Einschlupflöcher für Eidechsen entstehen. Man kann den einen oder anderen Stein, der etwas wackelig sitzt, auch mit grobem Bausand stabilisieren, insgesamt muss die Anlage aber solide aufgebaut werden, sodass keine Einsturzgefahr besteht. Das Bauwerk hat keinen Kern aus Bauschutt, Kies oder ähnlichem Material, sondern besteht auch innen – ähnlich wie der Lesesteinhügel – aus sol-

Bei der Gestaltung einer Eidechsenburg sind der Fantasie keine Grenzen gesetzt.

cherart aufgeschichteten Bruchsteinen. Den Abschluss bilden größere, flache Steine, die den Eidechsen als Sonnendeck dienen. Der Hügel sollte eine Höhe von mindestens 80 Zentimetern haben und darf natürlich auch höher sein. Zusätzlich kann man ihn unterkellern wie beim unterirdischen Überwinterungsquartier beschrieben (siehe Seite 103).

Nach diesem Prinzip errichtet, sind unserer Fantasie bei der weiteren Gestaltung keine Grenzen gesetzt, und vielleicht haben auch unsere Kinder Lust, eine »echte Burg« zu bauen. Durch den Einbau von speziellen Nisthilfen für Insekten, Vögel oder Fledermäuse wird die Burg auch für andere Tierarten interessant. Dekorative Tonscherben, Gefäße, Gitterziegel, Tonröhren oder bunte Steine lassen sich integrieren. Auf dem Dach kann eine flache Schale mit Hauswurz oder eine katzensichere Vogeltränke stehen oder man legt eine knorrige Baumwurzel oder krumme Äste auf, die man mit grobem Bausand oder Schotter stabilisiert. Der Bau einer Eidechsenburg kann so fast schon ein schöpferisches Projekt für die ganze Familie sein. Tiere und Pflanzen finden dort Überlebensraum und wir haben die Möglichkeit, ein Stück Natur zu erleben und zu genießen.

Einbau von Nisthilfen

Bei einer Eidechsenburg, die eine Höhe von mindestens zwei Metern hat, bietet sich die Möglichkeit, sie durch den Einbau von Niststeinen auch für bestimmte Vogelarten attraktiv zu machen. Hierbei kommen vor allem Nisthilfen für Nischenbrüter und Halbhöhlenbrüter, wie Hausrotschwanz, Rotkehlchen, Bachstelze oder Grauschnäpper, infrage.

Niststeine oder Nischensteine gibt es im Fachhandel zu kaufen. Sie bestehen aus Holzbeton und man sollte darauf achten, dass sie in der Vorderwand einen speziellen Schutz vor Nesträubern haben. Der Einbau erfolgt im oberen Bereich der Eidechsenburg, wobei das Flugloch nach Süden oder Südosten zeigt. Auch Nisthilfen für Insekten lassen sich in die Eidechsenburg integrieren, sofern sie aus Stein oder verwitterungsresistenten Holzarten bestehen (siehe auch Seite 79).

Heidegärten

Zu den Lebensräumen einiger Eidechsenarten, wie der Östlichen Smaragdeidechse, der Zauneidechse oder der Waldeidechse, gehören sonnige Heidelandschaften. Mit Steinhaufen, knorrigen Ästen, Baumstubben oder einer wenig bewachsenen Sandfläche lässt sich der Heidegarten optisch ansprechend und natürlich gestalten. Gleichzeitig helfen diese Gestaltungselemente Eidechsen, dort Sonnenplätze, Verstecke oder einen geeigneten Platz für die Eiablage zu finden.

Wenn Sie einen Heidegarten anlegen möchten, sollten Sie den Begriff »Heide« nicht allzu eng mit der Lüneburger Heide und ihrem charakteristischen Zwergstrauch, dem Heidekraut, in Verbindung bringen. So herrlich der Anblick dieser norddeutschen Heide zur Blütezeit ist, muss man doch zugeben, dass dort die Weite mitentscheidend für das stimmungsvolle Bild der Landschaft ist, und schon deshalb wird eine Nachbildung im Garten nicht überzeugen. Neben dieser Heideform, der zur atlantischen Heide zählenden Besenheide, in der Heidekraut und vereinzelte bizarre Wacholder dominieren, gibt es noch andere Heideformen wie die Wacholderheide der Schwäbischen Alb, die Dünenheide der Küsten oder die von der Schnee-Heide geprägten Gebirgsheiden.

Heide-Nelke und
Gewöhnliches Sonnenröschen

Rotbraunes Ochsenauge

Diese Heiden passen in die sie umgebende Landschaft, und ihre Pflanzengesellschaften finden dort die notwendigen Standortbedingungen. Deshalb ist es einigermaßen schwierig, einen Heidegarten nach solchen natürlichen Vorbildern anzulegen. Weil es bei der Gartengestaltung aber weniger um eine Kopie als vielmehr um natürliche Wirkung geht, ist dies kein Grund, auf einen Heidegarten zu verzichten. Bei der Auswahl der Pflanzen sollten Sie auf die grellbunten Zuchtformen von Heidekraut, die man heute in vielen Vorgärten zwischen Koniferen findet, verzichten. Diese Kulturhybriden haben zu keiner Landschaftsform Bezug, und für Nektar suchende Bienen, Hummeln oder Schmetterlinge sind sie völlig wertlos. Wenn man die Pflanzen der Heiden etwas genauer betrachtet, so ist das Heidekraut auch nur eine von vielen Arten, die dort vorkommen. Wildpflanzen wie Sand-Thymian, Roter Fingerhut oder Arnika, die schon im Frühsommer blühen, zählen ebenso zur natürlichen Heidelandschaft und können auch im Heidegarten wachsen.

Viele Heidepflanzen sind anpassungsfähig und man findet sie auch an anderen Standorten. Am besten gedeihen sie aber auf den nährstoffarmen, sauren Sand- oder Rohhumusböden der Heiden. Um ähnliche Bodenverhältnisse im Garten zu schaffen, empfiehlt es sich, den dort in der Regel vorkommenden nährstoffreichen Mutterboden zu gleichen Anteilen mit Holzkompost, Rindenmulch und kalkfreiem Quarzsand zu vermischen. Man kann die Pflanzen beliebig kombinieren. Heidekraut, Schnee-Heide oder Heidelbeere gedeihen naturgemäß jedoch am besten in Gruppen. Damit sich bald ein dichter Bestand ergibt, sollte man bei der Erstpflanzung etwa 20 Exemplare pro Quadratmeter einsetzen.

Pflanzen für den Heidegarten

Deutscher Name Botanischer Name	Standort	Blütezeit Blütenfarbe	Wuchshöhe
Berg-Sandglöckchen *Jasione montana*	sonnig	Juni – Aug. himmelblau	15 – 30 cm
Echte Arnika *Arnica montana*	sonnig	Juni – Juli gelb	bis 60 cm
Färber-Ginster *Genista tinctoria*	sonnig	Juni – Aug. goldgelb	30 – 60 cm
Gewöhnliches Katzenpfötchen *Antennaria dioica*	sonnig bis halbschattig	Mai – Juli rosa	5 – 25 cm
Heidekraut *Calluna vulgaris*	sonnig bis halbschattig	Juli – Sept. rosa	20 – 50 cm
Heidelbeere *Vaccinium myrtillus*	sonnig bis halbschattig	April – Mai rötlich	bis 50 cm
Heide-Nelke *Dianthus deltoides*	sonnig	Juni – Sept. rosa	10 – 30 cm
Roter Fingerhut *Digitalis purpurea*	sonnig bis halbschattig	Juni – Aug. purpurrot, violett	60 – 150 cm
Rundblättrige Glockenblume *Campanula rotundifolia*	sonnig bis halbschattig	Juni – Okt. himmelblau	10 – 40 cm
Sand-Thymian *Thymus serpyllum*	sonnig	Mai – Okt. rosa	10 – 30 cm
Schnee-Heide *Erica carnea*	sonnig bis halbschattig, Kalk liebend	Okt. – April variabel	bis 50 cm
Schwarzviolette Akelei *Aquilegia atrata*	sonnig bis halbschattig, Kalk liebend	Juni – Juli dunkelviolett	30 – 70 cm
Zwerg-Wacholder *Juniperus communis* subsp. *nana*	sonnig	Mai – Juni grünlich	10 – 50 cm

Grüne Wände und Fassaden

Häuser, Garagen, Schuppen, Betonmauern oder Carports werden lebendiger durch Kletterpflanzen. Der grüne Blattpelz ist eine Wohltat für die Augen. Er bietet Singvögeln Nistplätze und Verstecke und seine Blüten und Blätter sind begehrte Nahrungsquellen für Bienen, Hummeln und andere Insekten. In den Bodenbereichen grüner Wände finden auch Eidechsen eine Vielzahl von Nahrungstieren, Verstecke und schattige Plätze bei extremer Hitze.

Manchen Hausbesitzer hält die Furcht vor Beschädigungen von einer Hausbegrünung ab. Doch wenn Putz und Mauerwerk intakt sind, gibt es zu solchen Befürchtungen keinen Anlass. Kletterpflanzen machen eine Wand auch nicht feucht. Ihre Wurzeln entziehen dem Boden das Wasser und halten die Sockelbereiche trocken. Das dichte Blattwerk der Pflanzen wirkt wie ein Wettermantel, der Witterungsextreme wie Hitze und Kälte oder Regen mildert und eine Fassade vor Feuchtigkeit schützt. Kletterpflanzen schaffen ein Luftpolster zwischen Mauerwerk und Blattwerk. Sie erzeugen Sauerstoff, sind Staubfilter und Schalldämpfer, und mit den grünen Senkrechtstartern endet der Garten nicht an der Hauswand. Das hochrankende Grün schafft die natürliche Verbindung zwischen Wohnraum und Gartenbereich.

Auch in Hinterhöfe und auf Abstellplätze, wo Beton und Asphalt das Bild bestimmen, bringen Kletterpflanzen mehr Wohnqualität. Grau verputzte Mauern, eintönige Wellblechgaragen, Müllboxen aus Waschbeton, Bitumendächer, Elektroschaltkästen, Regenfallrohre, Holz- oder Stahlkonstruktionen warten darauf, begrünt zu werden. Die Ranker, Schlinger oder Kletterer lassen Beton und Stahl unter ihrem dichten Blätterpelz verschwinden und machen das vormals trostlose Bild lebendig.

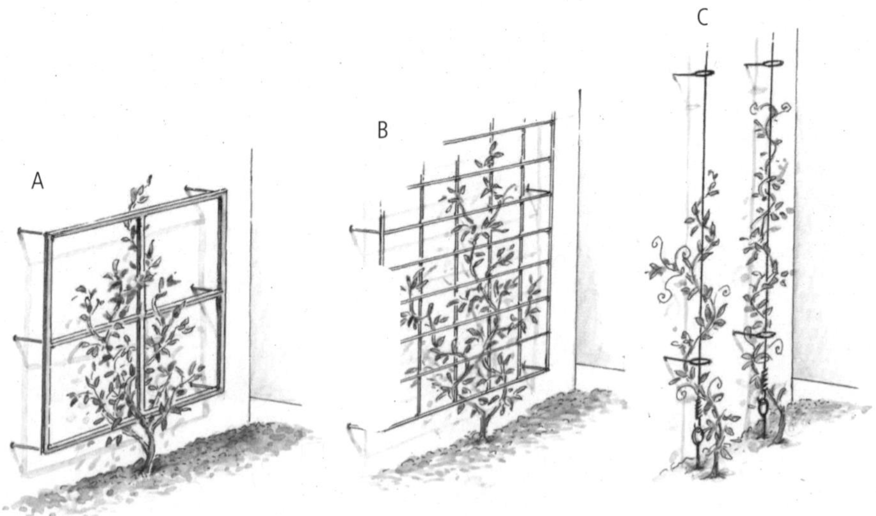

Eine einzige Kletterpflanze an der Fassade kann ein prächtiger Hausschmuck und gleichzeitig Geburtsort, Puppenwiege, Versteck, Nahrungsquelle oder Jagdrevier für unzählige Tiere sein. Als Rankhilfen eignen sich Holzgitter (A) oder Metallgitter (B). Rostempfindliche Metallgitter brauchen einen Anstrich zum Schutz vor Rost. Senkrecht an der Wand angebrachte Drähte brauchen eine im Boden verdübelte oder einzementierte Spannvorrichtung (C).

Mehrjährige Kletterpflanzen für Hauswand, Garage, Pergola

Deutscher Name Botanischer Name	Standort	Blütezeit Blütenfarbe	Wuchshöhe Kletterhilfe erforderlich
Amerikanische Klettertrompete *Campsis radicans*	sonnig	Juli – Aug. orangerot	5 – 10 m ja
Anemonen-Waldrebe *Clematis montana 'Rubens'*	sonnig bis halbschattig	Mai – Juni rosa	3 – 8 m ja
Blaue Passionsblume *Passiflora caerulea*	sonnig	Juli – Okt. gelbviolett	bis 4 m ja
Chinesischer Blauregen *Wisteria sinensis*	sonnig bis halbschattig	Mai – Juni blauviolett	6 – 12 m ja
Dreilappige Jungfernrebe (Wilder Wein) *Parthenocissus tricuspidata*	sonnig bis halbschattig	Juni – Juli gelbgrün	bis 20 m nein
Echte Brombeere *Rubus* sectio *Rubus*	halbschattig bis schattig	Juni – Sept. rosa	2 – 3 m ja
Echte Weinrebe *Vitis vinifera*	sonnig	Mai – Juni grüngelb	3 – 10 m ja
Gewöhnlicher Efeu *Hedera helix*	halbschattig bis schattig, immergrüne Pflanze	Aug. – Okt. grün	bis 25 m nein
Gewöhnliche Waldrebe *Clematis vitalba*	sonnig bis halbschattig	Mai – Juni weiß	2 – 12 m ja
Kletter-Hortensie *Hydrangea petiolaris*	sonnig bis halbschattig	Juni – Juli weißgrün	6 – 10 m bedingt
Rundblättriger Baumwürger *Celastrus orbiculatus*	halbschattig	Juli – Aug. grün	8 – 12 m ja
Schlingknöterich *Fallopia baldschuanica*	sonnig bis schattig	Juli – Okt. weiß	bis 20 m ja
Wald-Geißblatt *Lonicera periclymenum*	sonnig bis halbschattig	Juni – Aug. weißrosa	bis 5 m ja
Winterjasmin *Jasminum nudiflorum*	sonnig bis halbschattig	Jan. – März hellgelb	bis 4 m ja

Komposthaufen

Komposthaufen sollten möglichst direkt auf dem gewachsenen Boden aufgebaut werden, damit die für den Verrottungsprozess notwendigen Mikroorganismen, Pilze, Algen und Tiere dort leben können. Im Komposthaufen werden alle Abfälle, die im Laufe des Jahres im Garten und in der Küche anfallen, gesammelt und von einem Milliardenheer aus Kleinstlebewesen, Pilzen, Springschwänzen, Asseln oder Kompostwürmern in wertvollen Humus verwandelt.

Der Verrottungsvorgang ist abhängig von Temperatur und Feuchtigkeit. Unter starker Sonneneinstrahlung trocknet das organische Material, das sich in Humus umwandeln soll, zu schnell aus. An einem allzu schattigen Platz kann andererseits die Feuchtigkeit schnell überhandnehmen. Kommen menschliche Fehler dazu, wie etwa das Aufschichten von zu viel festem Material, in das Sauerstoff nicht eindringen kann, kommt es zur Fäulnis, und es bildet sich ein übel riechender Haufen. Deshalb wählt man für den Komposthaufen einen halbschattigen, windgeschützten Platz im Garten, nicht zu nahe an der Grenze des Nachbarn, der vielleicht seine besondere Meinung über das Kompostieren hat und sich belästigt fühlt.

Die einfachste Art zu kompostieren ist die Kompostmiete, also das Aufschütten eines Haufens ohne besondere Einfassung, wie es früher in Bauerngärten üblich war. Das Gegenstück dazu sind sogenannte Thermokomposter oder Schnellkomposter, meist aus Holzbrettern, verzinktem Blech oder Kunststoff gefertigte Behälter, die heute oft in kleinen Gärten Verwendung finden.

Wer einigermaßen geschickt ist, wird sich einen Kompostbehälter aus Balken, Brettern, Dachlatten oder Maschendraht selbst bauen. In jedem Fall ist es bei diesen Konstruktionen wichtig, dass Luft durch Schlitze oder Löcher zirkulieren kann.

Der Aufbau eines Komposthaufens beginnt mit einer etwa 20 Zentimeter hohen Schicht aus groben Holzabfällen, zum Beispiel zerkleinerte Baum- oder Strauchabschnitte, die locker aufeinandergelegt werden. Darauf kommen die anfallenden Gartenabfälle und organische Reste aus der Küche wie Tee- und Kaffeesatz, Gemüseabfälle, Obst- oder Eierschalen. Wichtig ist, dass alles, was in den Komposthaufen

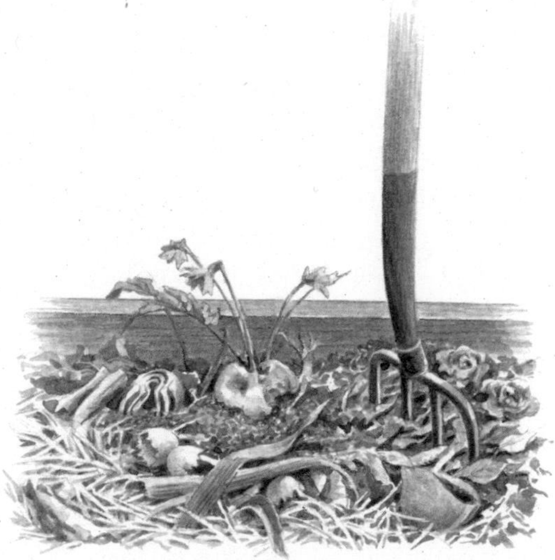

Das Abtragen eines Komposthaufens sollte mit Rücksicht auf die Tiere geschehen, die dort Unterschlupf finden.

gelangt, sorgfältig zerkleinert ist und eine lockere, gut durchlüftete Mischung aller organischen Materialien entsteht. Größere Mengen von Grasschnitt zum Beispiel werden also nicht einfach auf den Kompost geworfen, sondern mit zerkleinerten Ästen oder ähnlich gröberem Material durchmischt, sodass die Luft zirkulieren kann und keine Fäulnis entsteht.

Gut aufgebaute, funktionierende Kompostmieten oder Komposthaufen erzeugen beim Verrottungsprozess Eigenwärme, die zum Beispiel das Erbrüten von Eiern der Ringelnatter fördert. Deshalb suchen Weibchen dieser friedfertigen Schlangenart im Juli und August bevorzugt Komposthaufen als Eiablageplätze auf. Abhängig von der Umgebungstemperatur schlüpfen die jungen Ringelnattern im Herbst. Ringelnattern und Blindschleichen überwintern auch gern unter Kompostmieten. Wenn sich diese Reptilien in einem Garten aufhalten, sollte das Abtragen des Komposthaufens mit Rücksicht auf die Tiere geschehen.

Blütenpflanzen im herbstlichen Garten

Im Spätsommer und Herbst nimmt die Blütenvielfalt in der Natur immer weiter ab und auch im Garten neigt sich die Zeit üppiger Blütenpracht langsam ihrem Ende entgegen. Gleichzeitig fliegen noch viele Insekten wie Ackerhummeln, Steinhummeln oder Pollen fressende Käfer und halten Ausschau nach Pflanzen, die ihnen in dieser späten Jahreszeit als Nahrungsquellen dienen können. Auch am Boden lebende Tiere wie Igel oder Jungeidechsen sind bis in den Oktober oder November hinein unterwegs. Damit sie die lange Winterzeit in ihren frostgeschützten Behausungen überleben, müssen sie sich jetzt noch Fettreserven anfressen und jagen nach kleinen Tieren, darunter auch solche, die von der Farben und Düften der Herbstblumen im Garten angelockt werden. Mit spät blühenden Pflanzen lässt sich die Blühsaison ähnlich wie mit früh blühenden Arten verlängern, was auch wir Menschen gerne sehen.

Mit Gehölzen und spät blühenden Stauden entsteht auch im Spätsommer ein lauschiger Sitzplatz im Garten.

Spätblühende Pflanzenarten

Deutscher Name Botanischer Name	Standort Bodenansprüche	Blütezeit Blütenfarbe
Acker-Löwenmaul *Misopates orontium*	sonnig, halbschattig, an Wegen, vor Hecken, eher anspruchslos	Juli – Okt. rosarot
Deutscher Kranzenzian *Gentianella germanica*	sonnig, Steingarten, Trockenwiese, mager	Mai – Okt. violett
Europäisches Alpenveilchen *Cyclamen purpurascens*	halbschattig, schattig, unter Bäumen, vor Hecken, frischhumos, auch kalkhaltig	Juni – Nov. rotviolett
Glatte Herbstaster *Symphyotrichum laeve*	sonnig, Wildblumenbeet, locker, humos	Aug. – Nov. blauviolett
Herbst-Blaustern *Scilla autumnalis*	sonnig, halbschattig, Blumenwiese, unter Bäumen, vor Hecken, eher anspruchslos	Sept. – Nov. rotblau
Kanarische Kapuzinerkresse *Tropaeolum peregrinum*	sonnig, halbschattig, an Zäunen, Klettergerüsten, locker, humos	Juni – Okt. vielfältig
Neubelgische Herbstaster *Symphyotrichum novi-belgii*	sonnig, Wildblumenbeet, locker, humos	Aug. – Nov. lila
Raublatt-Herbstaster *Symphyotrichum novae-angliae*	sonnig, Wildblumenbeet, locker, humos	Sept. – Okt. blauviolett
Rundblättrige Glockenblume *Campanula rotundifolia*	sonnig, Trockenwiese, sandig, mager	Juni – Okt. blau
Safran *Crocus sativus*	sonnig, halbschattig, Blumenwiese, feucht, nährstoffreich	Sept. – Nov. blauviolett

Ausblick

In diesem Buch wurde versucht, Sie auf Erlebnisse einzustimmen, die Sie in einem Garten erwarten, in dem Eidechsen leben, weil sie dort Nahrung, Sonnenplätze, Möglichkeiten für die Eiablage und Unterschlüpfe zu allen Jahreszeiten finden. Eidechsen sind flinke Minisaurier, die uns durch ihr hübsches Aussehen und ihre interessante Lebensweise begeistern und denen wir in der Natur schon lange nicht mehr überall begegnen.

Eidechsen können sich nur dort dauerhaft ansiedeln, wo sich die Naturereignisse aneinanderreihen wie die Glieder einer Kette. Wo es einheimische Blumen und Wildsträucher, Trockenbiotope, Teiche, selbst gebaute Nisthilfen oder natürliche Verstecke gibt, finden sich rasch Tiere ein, die sich dafür interessieren, denn viele von ihnen sind heute in ihrer Existenz bedroht. Mit den Tieren kommt bewegtes Leben in unseren Garten und es gibt nahezu täglich etwas Neues zu entdecken. Zuerst finden sich diejenigen ein, die fliegen können: Vögel oder farbenprächtige Schmetterlinge, die uns mit ihrem Anblick erfreuen. Es werden auch Kleintiere angelockt, die wir voller Misstrauen betrachten, weil sie sich über unsere Gemüsepflanzen oder wunderschöne Blumen hermachen – manche sogar völlig unbemerkt und wir können uns nur über ihre Fraßschäden ärgern, die sie hinterlassen. Doch auch sie spielen im Naturgefüge des Gartens eine wichtige Rolle. Denn was dem einem vielleicht als unnütz erscheinen mag, wird mancher Igel oder manche Eidechse als Leckerbissen schätzen und bleiben, so lange diese Nahrungsquelle nicht versiegt.

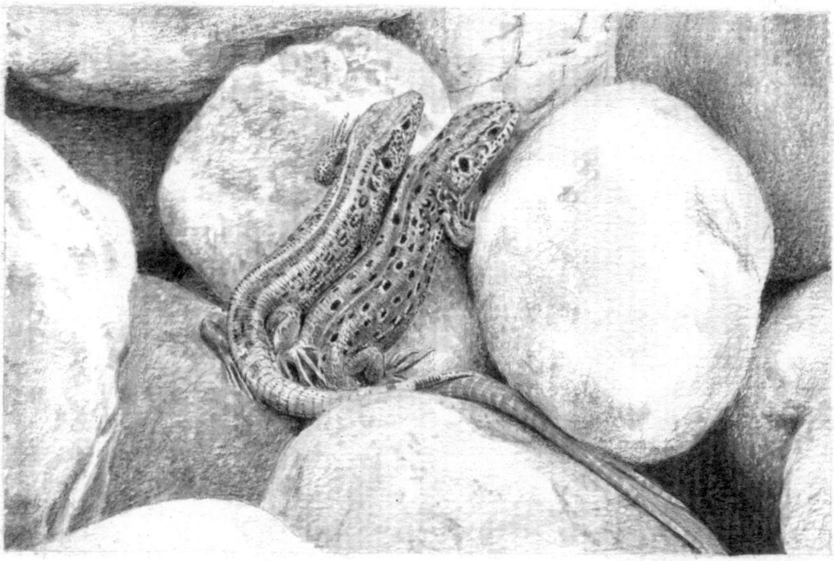

Der Autor

Wolf Richard Günzel ist Autor und Naturfotograf. Seit 1982 veröffentlicht er Reiseberichte und Artikel mit eigenen Naturfotografien unter anderem in »Mein schöner Garten«, »Aqua-Geo« oder »Gartenteich-Magazin«. Aus seiner Feder stammen mehrere Bücher. Neben belletristischen Werken auch Sachbücher aus dem Umwelt- und Naturbereich. Der Autor lebt in Podrosche in der Oberlausitz.

Im pala-verlag sind von Wolf Richard Günzel neben diesem Buch folgende Titel lieferbar:

- Lebensräume schaffen
- Das Insektenhotel
- Der igelfreundliche Garten

Zum Weiterlesen

Berling, R.: *Nützlinge und Schädlinge im Garten.* BLV Buchverlag
Blanke, I.: *Die Zauneidechse zwischen Licht und Schatten.* Laurenti Verlag
Burnie, D. (Hrsg.): *Tiere. Die große Bild-Enzyklopädie mit über 2000 Arten.* Dorling Kindersley Verlag
Chinery, M.: *Naturschutz beginnt im Garten.* Ravensburger Buchverlag
Colditz, G.: *Nützlinge und Schädlinge. Tiere als Helfer im Ökosystem Garten.* Naturbuch Verlag
David, W.: *Lebensraum Totholz.* pala-verlag
Deckert, K., Deckert G. & G. E. Freitag: *Urania Tierreich. Fische, Lurche, Kriechtiere.* Urania Verlag
Diesener, G. & J. H. Reichholf: *Lurche und Kriechtiere.* Mosaik Verlag
Erckenbrecht, I.: *Die Kräuterspirale.* pala-verlag
Günzel, W. R.: *Das Insektenhotel.* pala-verlag
Günzel, W. R.: *Lebensräume schaffen.* pala-verlag
Himmelhuber, P.: *Mein Garten lebt.* ökobuch Verlag
Kwet, A.: *Reptilien und Amphibien Europas.* Kosmos Verlag
Oberholzer, A. & L. Lässer: *Ein Garten für Tiere.* Verlag Eugen Ulmer
Richarz, K. & M. Hormann: *Nisthilfen für Vögel und andere heimische Tiere.* AULA-Verlag
Rogner, M.: *Eidechsen.* Edition Chimaira
Schreiber, R. L.: *Tiere auf Wohnungssuche.* Deutscher Landwirtschaftsverlag Berlin
Tinz, S.: *Haufenweise Lebensräume.* pala-verlag
Westphal, U.: *Hecken – Lebensräume in Garten und Landschaft.* pala-verlag
Witt, R.: *Der Naturgarten.* BLV Buchverlag

Bezugsquellen für Wildpflanzen und Nisthilfen

Versand von Kräuterpflanzen und Saatgut

Deutschland

Kräuter-Simon
Strengweg 1
25842 Efkebüll
www.kraeuter-simon.com

C-Falter

herb's bioland
Gärtnerei & Pflanzenversand
Stedinger Weg 16
27801 Dötlingen
www.herb-s.de

Bioland Hof Jeebel
Biogartenversand
Jeebel 17
29410 Salzwedel
www.biogartenversand.de

Lichtenborner Kräuter
Twetgenweg 10
37181 Hardegsen-Lichtenborn
www.lichtenborner-kraeuter.de

Dreschflegel
In der Aue 31
37213 Witzenhausen
www.dreschflegel-saatgut.de

Kräuter- und Wildpflanzengärtnerei Strickler
Lochgasse 1
55232 Alzey-Heimersheim
www.gaertnerei-strickler.de

Bingenheimer Saatgut
Kronstraße 24
61209 Echzell-Bingenheim
www.bingenheimersaatgut.de

Blauetikett Bornträger
In den Aspen 1
67591 Offstein
www.blauetikett.de

Rieger-Hofmann GmbH
In den Wildblumen 7 – 13
74572 Blaufelden-Raboldshausen
www.rieger-hofmann.de

Syringa
Duftpflanzen und Kräuter
Bachstraße 7
78247 Hilzingen-Binningen
www.syringa-pflanzen.de

Hof Berg-Garten
Großherrischwand
Lindenweg 17
79737 Herrischried
www.hof-berggarten.de

grüner Tiger
Felix Lage
Fallerstraße 18
82433 Bad Kohlgrub
www.gruenertiger.de

Die Blumenschule
Augsburger Straße 62
86956 Schongau
www.blumenschule.de

Artemisia
Allgäuer Kräutergarten
Hopfen 29
88167 Stiefenhofen im Allgäu
www.artemisia.de

Bio-Saatgut
Gaby Krautkrämer
Weingartenstraße 58
97252 Frickenhausen am Main
www.bio-saatgut.de

Österreich

Reinsaat KG
3572 St. Leonhard am Hornerwald 69
www.reinsaat.at

Wilde Blumen
Puchheimer Straße 9
4844 Regau
www.wildeblumen.at

Schweiz

Zollinger Bio Samen
Biologische Samengärtnerei
Route de la Praille 20
1897 Les Evouettes
www.zollinger.bio

Biosem
Le Burkli 83
2019 Chambrelien
www.biosem.ch

Sativa Rheinau
Chorbstrasse 43
8462 Rheinau
www.sativa-rheinau.ch

Neubauer
Biogärtnerei & Naturgärten
Lenzenhausstrasse 9
8586 Erlen
www.neubauer.ch

Versand von Nisthilfen

Deutschland

Naturschutzbedarf Strobel
Fachhandel und -beratung Fa. Pröhl
Nitzschkaer Straße 29/1
04626 Schmölln, OT Kummer
www.naturschutzbedarf-strobel.de

Naturschutzprodukte der Deutschen Wildtier Stiftung
Christoph-Probst-Weg 4
20251 Hamburg
www.deutschewildtierstiftung.de

Hasselfeldt Nisthilfen und Artenschutzprodukte GmbH
Dorfstraße 10
24613 Aukrug
www.nistkasten-hasselfeldt.de

Der Natur-Shop
Berliner Allee 22
30855 Langenhagen
www.der-natur-shop.de

Vivara-Naturschutzprodukte
Zum Eisenhammer 53
46049 Oberhausen
www.vivara.de

Manufactum GmbH
Hiberniastraße 5
45731 Waltrop
www.manufactum.de

Schwegler Vogel- & Naturschutzprodukte GmbH
Heinkelstraße 35
73614 Schorndorf
www.schwegler-natur.de

Waschbär GmbH
Wöhlerstraße 4
79108 Freiburg
www.waschbaer.de

LBV NaturShop
Eisvogelweg 1
91161 Hilpoltstein
www.lbv-shop.de

Schweiz

Andermatt Biogarten AG
Stahlermatten 6
6146 Grossdietwil www.biogarten.ch

Index

M

N

O

P

R

S

Wolf Richard Günzel:
Der igelfreundliche Garten
ISBN: 978-3-89566-250-8

Ulrike Aufderheide:
Der sanfte Schnitt
ISBN: 978-3-89566-320-8

Wolf Richard Günzel:
Das Insektenhotel
ISBN: 978-3-89566-385-7

Irmela Erckenbrecht:
Die Kräuterspirale
ISBN: 978-3-89566-290-4

Brigitte Kleinod:
Nachts in meinem Garten
ISBN: 978-3-89566-330-7

Dirk A. Diehl:
Ein Garten für Fledermäuse
ISBN: 978-3-89566-311-6

Uwe Westphal:
Hecken – Lebensräume in Garten und Landschaft
ISBN: 978-3-89566-296-6

Brigitte Kleinod und Friedhelm Strickler:
Naturnahe Dachbegrünung
ISBN: 978-3-89566-303-1

Sigrid Tinz:
Der Friedhof lebt!
ISBN: 978-3-89566-413-7

Farina Graßmann:
Wunderwelt heimische Amphibien
ISBN: 978-3-89566-419-9

Sigrid Tinz:
Haufenweise Lebensräume
ISBN: 978-3-89566-389-5

Sigrid Tinz:
Nahrungsnetze für Artenvielfalt
ISBN: 978-3-89566-417-5

Christof Sandt:
Kleine Anleitung zum Gehölzschnitt
ISBN: 978-3-89566-398-7

Sigrid Tinz:
Friede den Maulwürfen!
ISBN: 978-3-89566-393-2

Uwe Westphal:
Das große Buch der Gartenvögel
ISBN: 978-3-89566-375-8

Uwe Westphal:
Vogelstimmen in Wald und Hecke
ISBN: 978-3-89566-416-8

Gesamtverzeichnis bei:
Am Molkenbrunnen 4, 64287 Darmstadt, www.pala-verlag.de

ISBN: 978-3-89566-334-5

Am Molkenbrunnen 4, 64287 Darmstadt
www.pala-verlag.de
2. Auflage 2022

Umschlag- und Innenillustrationen: Margret Schneevoigt

Lektorat: Angelika Eckstein

Satz und Gestaltung:
Die Werkstatt-Medien Produktion GmbH, Göttingen
www.werkstatt-produktion.de

Druck und Bindung: Beltz Grafische Betriebe GmbH, Bad Langensalza
www.beltz-grafische-betriebe.de
Printed in Germany

Gedruckt auf
100% Recyclingpapier